育英科技课程系列丛书

丛书主编 于会祥
丛书副主编 梁秋颖

综合科学

李豆豆 张婷婷 李 佳 徐 娟 著

机械工业出版社
CHINA MACHINE PRESS

本书是"育英科技课程系列丛书"之一，它遵循中学生认知水平和心理特点，采用项目式学习理念设计内容，依据《义务教育科学课程标准（2022年版）》编写。本书由10个综合项目组成，不仅有制作稳定类游戏产品、制造彩虹等创意实践，还有水火箭这样的工程项目挑战，更有制作面包、垃圾回收等科学照进现实的课例，趣味横生，富有挑战性。

　　在完成制作类项目时，请你像工程师一样实践，调研需求、明确问题和研究方法、设计方案、制作改进、评价反思。在对自然现象或社会性课题做出判断的时候，请你像科学家一样思考，探究实践，寻找证据，明确研究的问题，建立科学的假设，厘清研究方法、研究步骤，细心地进行研究记录，得出科学合理且逻辑缜密的研究结论。

　　本书可供五四制或六三制六年级第二学期学生"科学"学科学习的补充课程使用。

图书在版编目（CIP）数据

综合科学. 2 / 李豆豆等著. —北京：机械工业出版社，2024.6
（育英科技课程系列丛书 / 于会祥主编）
ISBN 978-7-111-75950-8

Ⅰ.①综… Ⅱ.①李… Ⅲ.①科学知识–中小学–教材
Ⅳ.①G634.71

中国国家版本馆CIP数据核字（2024）第111592号

机械工业出版社（北京市百万庄大街22号　邮政编码100037）
策划编辑：熊　铭　　　　　　责任编辑：熊　铭　彭　婕
责任校对：张爱妮　张　薇　　责任印制：张　博
北京联兴盛业印刷股份有限公司印刷
2024年6月第1版第1次印刷
184mm×260mm·7.75印张·120千字
标准书号：ISBN 978-7-111-75950-8
定价：39.00元

电话服务　　　　　　　　　　网络服务
客服电话：010-88361066　　　机 工 官 网：www.cmpbook.com
　　　　　010-88379833　　　机 工 官 博：weibo.com/cmp1952
　　　　　010-68326294　　　金 书 网：www.golden-book.com
封底无防伪标均为盗版　　　机工教育服务网：www.cmpedu.com

育英科技课程研究小组

组　长　梁秋颖

副组长　鲁婷婷

成　员（以姓氏拼音排序）

丁曼旎　李豆豆　李　佳　李玮琳　牛冬梅

强　荣　孙宇阳　徐　娟　薛　晖　野雪莲

詹　静　张　花　张婷婷　赵运华

丛书序

科学教育是关乎全局和未来的大事。回望历史，科学打开了人类进步的大门。如果没有科学，人类可能仍然行走在黑暗之中，整日忙于生计却仍难以果腹，更无法摆脱愚昧的枷锁。展望未来，新一轮科技革命和产业变革正在重构全球创新版图、重塑全球经济结构。科技进步不仅改变着我们所处的世界，也深刻影响着国家前途命运和人民生活福祉。中小学阶段是孩子成长的拔节孕穗期，也是树立科学信念、增强科学素养的关键时期，这一阶段对于深化拔尖创新人才早期培养、构建支撑科技自立自强的人才链具有重要意义。

如何做好科学教育，已经成为摆在每一所中小学学校面前的时代课题。2023年5月，教育部等十八部门联合印发了《关于加强新时代中小学科学教育工作的意见》，文件明确指出，推动中小学科学教育学校主阵地与社会大课堂有机衔接，提高学生科学素质，培育具备科学家潜质、愿意献身科学研究事业的青少年群体，培养社会主义建设者和接班人。

北京育英学校从西柏坡一路走来，在赓续红色基因的同时，将科学教育作为为党育人、为国育才的重要抓手，专门成立跨学科教研团队，汇集数学、物理、化学、生物学、劳动、历史、信息科技、科学等学科的优秀师资力量，持续推进科技课程建设，实施启发式、探究式教学，探索项目式、跨学科学习，成功走出了一条科学教育特色办学之路。2023年5月31日，习近平总书记在育英学校考察时指出，科学实验课是培养孩子们科学思维、探索未知兴趣和创新意识的有效方式。总书记希望同学们从小树立"科技创新、强国有我"的志向，当下勇当小科学家，未来争当大科学家，为实现我国高水平科技自立自强作贡献。

我曾经沿着总书记的足迹到育英学校调研，从学生农场到科学教室，从课程教学到校园文化，边走边看，边学边悟，深刻感受到科学教育在这里深深扎根、悄然开花的育人魅力。在育英学校，学生可以在农作物种植中学习科学，可以在过山车实验中探究科学，甚至在教学楼后面还专门设有一处名为"科技苑"的活动区，学生可以利用课余时间，通过声聚焦、比扭力等30余件科技互动室外实验装置体验科学……

在育英学校调研时，育英学校于会祥书记讲了一个发人深省的育人故事。十多年前，学校有一名学生，他从小就非常喜欢研究昆虫，立志成为中国的法布尔。然而，爱好昆虫的他却受到了个别教师的一些质疑，认为他不以学业为重，不务正业。学校为了更好地保护他的好奇心、探求欲，激励更多学生爱科学、学科学、用科学，专门为他建造了一间开展昆虫研究的实验室，并以他的名字来命名。学校的支持与鼓励极大地激发了他的科学热情，他率先成立了昆虫社团，并最终顺利考入了心仪的大学。如今，育英学校已经拥有100多个学生自主社团，其中42个是科技社团。科学的种子正在一批又一批的育英学子心中生根、发芽、开花、结果。

经过长期探索与实践，育英学校科学教育体系化建设取得了显著成效，科技课程设置、教学创新、资源开发、环境营建等浑然一体，"做中学""玩中学"蔚然成风。在此基础上，"育英科技课程系列丛书"应运而生。它绝不是一套浅尝辄止的资料汇编，而是一份凝结了师生智慧、历经实践检验的行动指南。它对于中小学学校在"双减"政策背景下如何做好科学教育加法具有重要的借鉴和指导意义。

"育英科技课程系列丛书"内容丰富，第一期共有9个分册，努力做到了课程与配套资源的互补，保证学生在课上和课下的学习都能得到全方位的支持。目前，育英学校将科技课程纳入课表，作为正式课程实施，面向每一名学生开展跨学科教学和实践育人活动，以师生行动助推科学教育不断完善和优化。

其中，《综合科学》有4个分册，重点关注学生怎么学，遵循"知—思—行—达"目标体系，以学生为主体，在内容和方法上培养学生的创新思维和创新能力。考虑到不同层次学生的学习需求，我们根据项目任务的难度和复杂程度对项目进行了分类，并依据解决每一个项目问题所用的思维方法确定主要的表现性任务，进阶地设计了不同级别的课程。在这一过程中，教师不仅是学习的指导者，还是学习过程的评估员。项目注重运用评价量规进行过程性评估和结果检测，以监督学生实实在在地开展综合性学习实践。

　　《科学研究指南》分册以科学研究的基本流程为内容，为学生进行自主探究提供帮助。整体框架以科学研究流程为基础，涵盖了提出问题、进行猜想与假设、制订计划与方案、收集与整理数据、分析与总结、得出结论、形成成果以及展示成果等环节。学生只需阅读全书并根据提示将思考记录下来，就能在不知不觉中完成一次完整的科学研究。

　　《综合科学　学生自主探究成果集》分册是在学生完成《综合科学》学习之后，以学生自主探究思考与实践所取得的成果为主要内容的30个作品集锦。

　　《初中数学建模》分册从初中数学内容出发，给出了15个数学模型案例，这些案例旨在培养学生运用数学语言描述实际问题，运用数学知识和信息技术手段分析和解决实际问题，从而激发学生数学学习和探究科学的内生动力，增强他们的科学创新能力。

　　《初中数学建模　学生自主探究成果集》分册是在学生完成《初中数学建模》学习之后，以学生自主探究思考与实践所取得的成果为主要内容的47个作品集锦。

　　《Python基础探究》分册由《Python基础探究　学习指南》和《Python基础探究　实践指南》组成，从学生的思维发展入手，引导学生去主动思考、构建逻辑、创新实践，让学生在自己的主动思考中获得学习成就。《Python基础探究　学习指南》以问题探究的方式引导学生带着疑问主动学习，在掌握基础知识的同时建立兴趣、厘清思维逻辑。《Python基础探究　实践指南》以项目实践的方式，引领学生带着知识和技术走进生活中的实际情境，探究使用计算机程序设计创造性地解决问题的方法。

　　"日出江花红胜火，春来江水绿如蓝。"科学教育的春天扑面而来，我们要抓住机遇、乘势而上，从育英学校的科技教育实践中汲取智慧、积蓄力量，因地制宜构建科技课程与资源体系，创新课堂教学方式，深入实施启发式、探究式、项目式学习，广泛开展丰富多彩的学生科技社团与兴趣小组活动，引导学生培养科学精神、增强科技自信自立、厚植家国情怀，编织当科学家的梦想，为中国式现代化提供有力的人才支撑。

中国教育科学研究院

曹培杰

前言

习近平总书记提出，要培养担当民族复兴大任的时代新人。如今，基础教育课程改革进入"素养"时代。所谓"素养"，是指学生应具备能够适应终身发展和社会发展需要的必备品格和关键能力。素养是课程的根本遵循，课程是素养的有效手段。

作为课程改革的主阵地，综合科学课程建设成为我们应对变化的有力武器。如果同学们不断地将注意力集中在同一门学科，不管这门学科是多么有趣，都会把人的思想禁锢在一个狭窄的领域之内。在综合科学课程的学习实践中，同学们可以体验从知识技能到素养的真实收获。

请同学们永葆对科学的好奇，坚持求真、质疑、开放、合作，敢于创造，在自己的生活中，结合兴趣特长，提出个性化的问题。以问题为导向，跨学科、跨学段地进行自主探索，采用观察、测量、实验、论证、推理、分析等研究方法，亲历研究过程，大胆提出并验证自己的假设，基于证据和逻辑获得新知，建立模型，实事求是，追求创新，勇于表达。

本书的项目1、项目2、项目3和项目4由李豆豆老师设计，侧重于发明创造和探究实验；项目5和项目6由张婷婷老师设计，侧重于探究实验；项目7和项目8由李佳老师设计，侧重于工程实践和探究实践；项目9和项目10由徐娟老师设计，侧重于科学观察；全书由李豆豆老师统稿。

我们虽倾力领会项目式学习、表现性评价等要点，遴选、研磨、打造了10个项目，但必定与跨学科项目式学习的要求还有距离，希望项目设计团队提供的这些样本，能引发更多的学生和教师思考与探索实践。欢迎大家提出宝贵的建议！让我们一起为做好科学加法而努力！

目录

昆虫生存指南

如图1-1所示，昆虫在动物界中种类最多，是地球上数量最多的动物群体，踪迹几乎遍布世界的每个角落，但是你真的了解它们吗？小小的昆虫随时随地都会面临生存的威胁，但它们仍然能够生生不息地繁衍下来，至今仍是地球上最为繁盛的类群。它们是如何保护自己的呢？原来它们天生就有一系列"生存绝技"。

图 1-1

在此项目中，你需要迎接的挑战是：

当你在野外进行综合科学实践活动时，经常会碰到一些没见过的昆虫，它们长相奇特，运动方式、取食方式也各有特点。你非常好奇这些昆虫有什么来头，它们如何生存。于是你踏上了研究昆虫之旅。经过研究，你会获取有关昆虫的许多信息，最终你可以选择某种昆虫，向同学们做科普演讲，介绍"昆虫生存指南"。

1 **任务类型**

科学观察，标本制作，科普演讲。

2 **涉及学科**

生物学，地理。

3 **任务复杂程度**

★ ★ ★

4 **科学素养特色培养**

科学观察，综合多种资料，建构模型，口头表达。

学习目标 >>>

1 **科学概念**

知道昆虫能适应环境变化生长出适宜生存的身体结构。

2 **思维方法**

观察不同昆虫的外部形态特点，并学会标本制作方法。

能收集和交流与昆虫适应环境相关的多种资料，用案例的形式理解昆虫身体结构与功能相适应的特征。

3 **探究能力**

能收集不同昆虫的外部形态特点对维持其生存的作用，调查昆虫适应环境变化的方式，能通过环境特征推测昆虫的生活习性。

4 **态度责任**

热爱昆虫，喜欢研究昆虫；能积极参与对昆虫的探究活动。

任务1　观察昆虫

活动1：它是昆虫吗

你在野外进行综合科学实践活动时，发现了一只从没见过的昆虫，这只昆虫长着"鸭子嘴、蝎子尾、蚊子腿、苍蝇的眼睛"，如图1-2所示，看起来像是拼凑起来的身体。你对眼前这只昆虫产生了好奇，你脑子里产生了一个问题，它是昆虫吗？

图　1-2

有理有据，敢于表达

（1）请你运用已学过的知识做出判断，并且说一说你的判断依据。

有理有据，敢于表达

（2）请你为昆虫成虫画像。

（3）观察昆虫成虫的基本方法——当我们见到一只看起来像昆虫的生物，可以思考以下几个问题。

①它的身体是不是明显地可分为3个部分，即头、胸、腹？

②它是不是有3对足？

③在它的头部是不是长着1对触角？

④它的胸背部是不是长有2对翅膀？（大多数昆虫胸背部都长有2对翅膀，但不排除有一些退化翅膀的无翅昆虫，或只有1对明显翅膀的双翅目昆虫。）

（4）判断表1-1中的生物是不是昆虫。

表　1-1

千足虫（学名马陆） □是　□否	鼻涕虫（学名蛞蝓） □是　□否	工蚁 □是　□否
蜘蛛 □是　□否	蜗牛 □是　□否	蚁后 □是　□否

活动2：观察口器

昆虫的身体能告诉我们哪些信息呢？我们分解它的身体，寻找一些可用的线索。下面我们先来观察口器。

口器，简单来说就是昆虫的嘴巴，又称取食器官。最原始的昆虫口器为"咀嚼式"口器，不管什么食物，一律嚼碎了吃。在数亿万年的演化历程中，为了更高效地吃饭，昆虫们根据自己的食性特化出了丰富多样的口器。

多数昆虫都离不开5种最普通的口器，即咀嚼式口器、刺吸式口器、虹吸式口器、嚼吸式口器和舐吸式口器，通过观察它们吃东西的方式，就能很好地对它们的口器进行分类。正因为各种各样的口器，昆虫们拥有了极其广泛的食谱。

探究实践，获取证据

（1）观察表1-2中的口器图片，用图像或文字描述它们的结构特征，并写出它们的口器类别。

表 1-2

口器	结构特征	口器类别

（续）

口器	结构特征	口器类别

（2）观察口器不仅能区分不同类群的昆虫，还能深度了解昆虫的食性特点，请你用手或者身边的材料演示不同口器的进食方式，并向同伴进行展示。

任务2 细节观察

活动1：观察足

昆虫成虫都拥有3对足，不同种类的昆虫，足的形态也有差异。昆虫的足是主要的运动器官，由于其生活环境和生活方式的不同，它们足的形状和构造有不少差异，由此适合爬、跳、抱、捕、挖等不同运动方式。昆虫成虫的足大致分为步行足、跳跃足、捕捉足、挖掘足、携粉足、游泳足和抱握足等类型。

 探究实践，获取证据

请你观察表1-3中昆虫成虫足的图片并猜测它们分别是什么足？有什么功能？通过细节观察，比较一下这些足有什么不同点？它们最与众不同的特点是什么？填写在表1-3中。

表 1-3

昆虫成虫	足的类型	足的功能	足的不同点	主要特点

活动2：观察翅膀

有理有据，敢于表达

昆虫种类多样，翅的类型也各不相同，根据昆虫翅的结构和材质，可将翅分为不同的类型，常见的如膜翅、鳞翅、毛翅、半鞘翅、鞘翅、覆翅等，如图1-3所示。昆虫分类很多是以"××翅目"命名的，由此可见翅膀是给昆虫分类的重要依据，观察昆虫时也需要重点观察它们的翅膀。

膜翅（豆娘）　　　鳞翅（蝴蝶）　　　毛翅（石蛾）

半鞘翅（蝽象）　　鞘翅（甲虫）　　　覆翅（蝗虫）

图 1-3

膜翅：翅膀类似薄膜一样透明。

鳞翅：翅上都有鳞片（鳞毛）并形成各色斑纹。

毛翅：其质地为膜质，但翅面上覆盖一层较稀疏的毛。

半鞘翅：基部为革质，端部为膜质，且有脉络。

鞘翅：前翅已经变成了坚硬的角质，如同剑鞘一样，鞘翅目的前翅往往呈现金属光泽。

覆翅：前翅坚韧如革，不用于飞行，平时完全覆盖于背部。

活动3：制作标本

观察之后，如果采集地附近有很多同一种类的昆虫，可以将其中一只带回制作成标本，标本制作可以帮我们更好地鉴定昆虫。制作的标本将成为昆虫调查的重要成果，为了解当地生态环境和昆虫生存情况提供重要的参考依据。

标本制作第一步： 拿到原蝶，标本回软，搭建展翅台，如图1-4a所示。

标本制作第二步： 放置蝴蝶，固定蝴蝶，风干蝴蝶，制作标本，如图1-4b所示。

①拿到原蝶　　②标本回软　　③搭建展翅台

a）

④放置蝴蝶　⑤固定蝴蝶　⑥风干蝴蝶　⑦制作标本

b）

图　1-4

 探究实践，获取证据

根据图1-4所示步骤，完成蝴蝶标本制作。

任务3 昆虫与环境

活动1：观察颜色

昆虫体色非常丰富多彩，有些美如艺术品，有些却不漂亮……然而，不论长成什么样子，都是自然选择后最利于生存的结果。

有理有据，敢于表达

怎样理解"蝴蝶的颜色都是自然选择后最利于生存的结果"这句话？请你查阅相关资料，按图1-5所示进行案例说明，并与同伴相互交流。

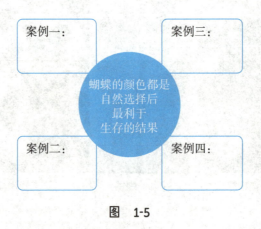

图 1-5

活动2：观察生活环境

昆虫有着自己特定的生活环境。例如，蜻蜓稚虫生活在水中，成虫通常生活在湖泊、湿地、小溪附近。秦岭以南常见的青凤蝶、玉带凤蝶，在秦岭以北几乎见不到，记录下你是在哪里发现或观察到的上述昆虫的，这是一件非常有意义的事情。通过昆虫的分布能够反映当地的植被分布、海拔高度等信息，这些是重要的科学数据。

　　了解特定昆虫的生活环境后，想要持续跟踪观察的话，也能知道到哪里才能找到它们啦！这些发现和记录都能成为你的"昆虫探秘攻略"。

有理有据，敢于表达

　　利用假期时间去山间、草地捕捉一些昆虫，观察它们的生活环境并记录在表1-4中。通过观察身体结构特征，分析它们是如何与环境相适应的？

表 1-4

昆虫图片	采集地环境	相互关系

知识链接

　　走进野外，装备越精简越好，图1-6展示了三种利用率高又方便携带的工具，可以提高我们观察昆虫的效率。

昆虫夹　　　　昆虫盒　　　　捕虫网

图 1-6

任务4 陌生昆虫猜猜猜

图1-7中的蝎蛉是昆虫吗？它吃什么？它怎么运动？它的翅膀对其生存有什么帮助？它独特的身体结构可能有什么作用？它如何生存？

图 1-7

 探究实践，获取证据

准备一个昆虫记录本，将你的观察结果记录下来。

采集地：

身体特征：

环境特征：

预期成果

经过对昆虫的科学观察，我们可以发现，每一种昆虫都有其适应环境的身体特征，以至于它们能够生生不息，代代相传。请你运用已学知识和你对于昆虫的观察记录，选择某一种昆虫生存的秘密作为学校科普演讲的主题。

要求：以观察者的视角讲述陌生昆虫的一天。请把你的演讲大纲写出来，内容要涉及取食、运动、自我保护、竞争、求偶、适应环境等方面。

评价反思与改进优化

在此项目中，我们对昆虫的口器、足以及翅膀进行了学习与观察。基本的身体构造信息能够反映昆虫适应环境的"秘诀"。生物与环境相互适应、相互依存，掌握更多的昆虫信息能够帮我们更好地判断和辨别陌生昆虫，所以学习后要求大家将昆虫与环境相联系，模拟演绎其生存特点。请对照表1-5对自己学习的情况进行评分及反思，以便日后改进。

表 1-5

评价内容	评价标准	分值	评分
科学观察	能够通过有目的的观察，收集信息，并将信息进行分类，根据信息作出推测	5分	
综合多种资料	能够就同一主题的多份资料通过比较和分析来整合资源	5分	
建构模型	能够基于证据建立或使用完整的模型来描述现象或不可直接观察到的内在机制；同时能够识别模型的局限性	5分	
口头表达	能够通过提问、回应问题或进一步解释，澄清常识或事实性内容；能够选择合适的表达方式，使表达通俗易懂	5分	
总分			

优化改进	
我在本项目中学到了	
有些地方做得不好，我的遗憾	
如果重来一次，我想	

项目2

食物保卫战

　　2019年，一场题为《全世界浪费食物的丑闻》的TED（Technology, Entertainment, Design）演讲开启了一场反食物浪费的全球运动。这位演讲者深入餐饮场所开展实地调查；挖掘数据，探究浪费规模；研究食品生产系统，思考食物浪费的隐藏原因。他发现，世界上很多食物被浪费了，如图2-1所示。可怕的是，生产大量的食物，会导致森林被砍伐，水资源被不断消耗，大量化石燃料被使用，以及生物多样性的丧失。面对这些问题，我们需要寻找一些解决方法减少食物浪费。

图 2-1

在此项目中，你需要迎接的挑战是：

　　化身为一名食物保鲜研究员，通过了解食物腐烂变质的原因设计实验方案，寻找食物最佳的保鲜方式，最后设计一些食物保存提示卡片，用于指导消费者更好地保存食物。

1 任务类型

实验方案和食物保存提示卡片。

2 涉及学科

生物学，科学，美术。

3 任务复杂程度

★

4 科学素养特色培养

阐释数据与信息，设计解决方案，实施实验，分析证据并得出结论。

学习目标 >>>

1 科学概念

知道食物腐烂变质就是食品在一定环境下发生了变质和成分的改变，导致食物的物理性质和化学性质发生变化，失去原有的色、香、味，营养价值降低甚至完全失去的过程。

认识到引起食物变质的主要原因是微生物的作用，微生物在合适的条件下会快速繁殖，加快被其污染食物的腐烂变质。

2 思维方法

观察食物变质前后的物理和化学特征，结合已有知识经验提出合理猜想，设计实验减缓食物变质的速度，重点掌握观察法和实验法。

3 探究能力

能够在老师的指导下提出可探究的问题，并且根据生活经验提出合理假设，在老师的引导下设计实验验证假设。

收集和阐释数据，并得出有证据的解释。

4 态度责任

体验对于生活中食物变质问题的思考和验证过程，逐渐形成证据意识，用科学的态度解决生活中的问题。

任务 1　食物浪费现状

活动 1：数说食物浪费

（1）联合国粮农组织有关报告显示，全球每年食物的浪费量高达16亿吨，其中可食用部分达13亿吨，不包括鱼和海产食品在内，食物浪费的直接经济后果每年高达7500亿美元。

为了生产这些被浪费的食物，会产生33亿吨的碳排放，需消耗水资源250km^3，需要用到种植土地14亿公顷。

（2）据有关专家估算，中国每年在餐桌上浪费的食物约合2000亿元，相当于2亿多人一年的口粮。

● 有理有据，敢于表达 ●

反思表2-1中的问题，完成表格内容。

表 2-1

问题	你的答案	支持你答案的证据
全球食物浪费现状如何		
食物浪费带来的不利影响有哪些		
为什么说食物浪费是一个严重的问题		

活动2：浪费的食物去哪里了

读 一 读

　　从不吃的剩菜到变质的农产品，我们浪费食物的大约94%最终会被垃圾填埋场或燃烧设备处理掉。垃圾填埋场是采用卫生填埋方式下的垃圾集中堆放场地，垃圾填埋场因为成本低、卫生程度好被广泛应用。有的人错误地认为，厨余垃圾在最短时间内可以降解，哪有什么危害？

　　可是在我国，并不是所有城市都有高科技的环保处理方式，很多时候都是简单粗暴地填埋和焚烧。分类并不完善的厨余垃圾焚烧后会污染大气并产生致癌物质。

　　垃圾填埋也不是万全之举，典型的问题包括有毒残留物对土壤和地下水的污染，在腐烂过程中产生温室气体甲烷，以及携带疾病的害虫。世界各地的垃圾填埋场也因管理和技术的不同而相差甚远，小规模的垃圾填埋场因对垃圾排放物的处理质量不高，渗滤污水往往直接排入一个小型污水处理厂，或者只是稍微被稀释，然后排入附近的河流。

● **有理有据，敢于表达** ●

　　反思表2-2中的问题，完成表格内容。

表 2-2

问题	你的答案	支持你答案的证据
你会一次性购买过多的食物吗		
你会经常吃临期食品或轻微腐烂的食物吗		
谁在产生食物浪费问题上负有责任		
谁在处理食物浪费问题上负有责任		

任务 2　问题解决之道

活动 1：在垃圾桶之外解决办法

解决食物浪费需要回溯食物从土地到餐桌的各个环节，食物在每个环节可能存在哪些浪费？

有理有据，敢于表达

谁该为食物浪费问题负责？完成表2-3。

表 2-3

责任方	主要问题	措施

活动 2：调查你身边的食物浪费现象

请你运用课后时间调研身边的食物浪费现象，回答：食物浪费经常发生在哪里？为什么浪费？为什么难以避免？有什么好的做法？

任务 3　食物变质问题探析

活动 1：食物的腐烂变质现象

食物变质了，变质的食物外形发生了变化，有的甚至完全变了样，如图2-2所示，它们发生了什么？为什么会变成这样呢？

图　2-2

 探究实践，获取证据

用你的感觉器官和借助工具去观察食物变质前后的变化，完成表2-4。

表 2-4

	正常的＿＿＿＿	变质的＿＿＿＿
颜色		
大小		
形状		
软硬		
气味		

活动 2：食物腐烂变质的原因

引起食物腐烂变质的原因是什么？请你依据表2-4腐烂变质现象提出猜想。阅读资料卡片，将食物变质的原因补充到表2-5中，在你认为重要的信息和关键术语下面画下划线。

📖 **资料卡片**

1913年，美国考古学家从埃及金字塔古墓中挖掘出一罐蜂蜜，经鉴定这罐蜂蜜已历时3300多年，基本没有变质，至今还能食用。难道蜂蜜真的是千年不腐的食物吗？

科学研究和实践证明，蜂蜜具有很强的抗菌能力，在一定条件下，蜂蜜是不会变质的食品。真正成熟的纯正蜂蜜久置后也完全可以食用，但作为上市销售的食品，《中华人民共和国食品安全法》要求在食物商品上标明保质期，因此蜂蜜生产厂家一般把蜂蜜保质期定为2年。

从蜂蜜本身来说，成熟的纯正蜂蜜是葡萄糖和果糖的过饱和溶液，所以渗透压极大。蜂蜜不容易变质很重要的一点在于蜂蜜本身的高浓度和高渗透压。当低浓度物质与高浓度物质相遇时，理论上低浓度物质会向高浓度物质中扩散，最终达到平衡。所以当细菌与蜂蜜相遇时，细菌本身的细胞渗透压要低于蜂蜜，渗透压会使细菌的细胞液从细胞膜中渗出而导致细菌脱水死亡。这是蜂蜜不容易受到细菌侵蚀的一个主要原因。此外，蜂蜜本身还含有其他多种抑菌元素，可以杀菌抑菌。

● 有理有据，敢于表达 ●

小组讨论引起食物腐烂变质的原因是什么？完成表2-5。

表 2-5

食物变质的现象	变质的原因	猜测的依据
例如：xx食物变得xx了	我猜测是xx原因引起食物变质	我是根据xx现象进行推测的

任务 4　设计食物保鲜实验

活动 1：设计实验报告

回答下面的问题，以帮助你梳理思路，正确找到自变量和因变量，设计实验。当你回答这些问题时，请记住在实验中专注于测试一件事。

①你想研究哪种食物的变质问题？（　　　）

A. 蔬菜　　B. 水果　　C. 肉　　D. 蛋　　E. 奶制品　　F. 主食

②你认为哪种因素是引发这类食物变质的主要原因？（　　　）

A. 失水　　B. 酶解　　C. 催熟气体　　D. 空气中的氧气　　E. 微生物

③你准备选择食物的哪种表现特征作为测量目标？（　　）

A. 颜色　　　B. 软硬　　　C. 气味　　　D. 菌斑　　　E. 其他（　　　　　）

④你选择哪一种因素作为自变量？

🔍 **探究实践，获取证据**

完成表2-6中的实验报告。

表　2-6

研究问题：
背景知识：
假设：当_____（自变量）_____（描述变化）时，则_____（因变量）将会_____（预测变化）
自变量：你在实验中改变了什么？具体要做什么改变。
因变量：你将测量或收集什么？如何进行测量或收集？
常量：你的实验组和对照组保持一致的量是什么？
潜在的混杂变量：你的实验中可能会引入哪些潜在的混杂变量？在下面列出至少 3 个。
你计划如何控制潜在的混杂变量？
制订计划：你计划如何进行实验，看看你的假设是否能被证实或证伪？

活动2：收集数据并分析数据

将实验得到的数据用表格表示。

哪种方式最有利于食物保鲜？你的证据是什么？

 探究实践，获取证据

把你的实验结果记录下来。

预期成果

任务：根据你的实验结果为一种食物设计保存提示卡片，并张贴在下面空白处。

要求：食物保存提示卡片中包括食物图片、名称、易腐程度、变质原因、最佳保存方式、变质表现。

评价反思与改进优化

在本项目中，我们了解了食物浪费的现状，并调查了发生在不同环节的食物浪费情况。减少食物浪费是我们的责任和义务，从消费环节减少食物浪费的措施有很多，但食物保存尤其重要。通过研究，我们可以总结常见食物的最佳保存方式和保存期限等，以食物保存卡片的形式展示出来。请对照表2-7对自己学习的情况进行评分及反思，以便日后改进。

表 2-7

评价内容	评价标准	分值	评分
阐释数据与信息	能够对收集的食物浪费的数据和信息进行阐释以精确地支撑爱惜食物、减少浪费的主张	5分	
设计解决方案	能够设计一个包含自变量、因变量、常量、实验组、控制组等内容的食物保鲜实验方案，此方案具备一定的科学性；能够对实验进行评估和改进，体现出对于经验证据的关注	5分	
实施实验	能够按照既定计划开展食物保鲜；当遇到困难时可以随机应变，提出可行的新方案；能够通过不同渠道、多种方式收集使食物保鲜的数据	5分	
分析证据并得出结论	能够结合观察到的食物保鲜现象和已有的数据对食物保鲜进行完整的解释，能够初步认识到现有结论的局限性	5分	
总分			

优化改进	
我在本项目中学到了	
有些地方做得不好，我的遗憾	
如果重来一次，我想	

项目 3

制作面包

想象一下，你大学毕业了，在一家面包公司工作。该公司的吐司面包最近的销量一直在下降，产品部经理希望改进配方以增加销售额。你将研究面包制作过程中的影响因素，并进行一系列实验以制作最佳口感或风味的吐司面包，如图 3-1 所示。

图 3-1

在此项目中，你需要迎接的挑战是：

运用控制变量的方法进行实验，找到改良面包的"配方"，并用实验探究报告呈现你的探究过程。

1　任务类型

实验探究报告。

2　涉及学科

生物学，化学，劳动。

3　任务复杂程度

★

4　科学素养特色培养

定义问题，猜想与假设，设计实验方案，实施实验，分析证据并得出结论，交流与表达。

学习目标　　　 >>>

1　科学概念

知道酵母如何产生二氧化碳，了解如何改变该过程中的变量以达成不同的结果。

知道如何运用酵母发酵的原理来制作面包。

2　思维方法

观察法：从对面包发酵过程的观察中，知道面包的质地、口感与酵母发酵效果有关。

控制变量法：用控制变量的方法探究不同因素对酵母菌发酵效果的影响。

3　探究能力

提出重点突出、可回答且可研究的问题以及可被检验的假设；根据实验方案收集数据，分析数据和得出结论；用实验数据构建解释，并用恰当的逻辑进行口头陈述。

4　态度责任

体验面包发酵的过程，积极参与自然科学的探究活动，认同物质和能量的获取是维持生物体稳态的基础。

提高与人合作的能力，有效地完成任务。

任务1　探索发酵实验

活动1：学习面包制作方法

制作材料： 温水，活性干酵母，食盐，白糖，食用油，牛奶，小麦面粉。

制作方法：

①在大碗中，加入温水；慢慢搅拌活性干酵母，直至酵母完全溶解。

②在小碗中加入食盐、白糖、食用油和牛奶，搅拌。

③将前两个步骤中的材料在大碗中混合后倒入揉面盆中，然后把小麦面粉加入揉面盆中。开始可以添加较少的面粉，逐渐加量，揉成面团。

④将面团在案板上反复揉捏，可以根据实际情况增加小麦面粉，直到面团不再粘手为止。

⑤将面团放入揉面盆中，盖上盖子，在温暖的地方发酵1h。

⑥发酵完毕后拿出面团，揉捏排气，再放置10min，进行二次发酵。

⑦将烤箱预热至 180℃，将面团放入烤盘中，盖上盖子，烘烤30min直至金黄色。

⑧取出面包，放在架子上冷却。

● 有理有据，敢于表达 ●

阅读上面的制作方法，寻找关键信息回答下列问题。

（1）方法中面包制作的关键成分是什么？

（2）面包制作的关键步骤是什么？

（3）酵母发酵与面包制作之间有什么关系？

活动 2：感受酵母的力量

实验材料： 白糖，酵母粉。

实验器材： 试管，气球，量筒，搅拌棒。

实验步骤：

①取少许白糖放入试管中，再取1勺酵母粉放入试管中。

②用量筒取10mL温水，放入试管中。

③用搅拌棒将试管中的物质搅拌均匀。

④在试管上方套一个气球，静置一段时间后观察实验现象。

探究实践，获取证据

通过实验，你观察到了什么现象？

知识链接

在制作面包时，活性"成分"是称为酵母的单细胞生物。酵母细胞是否能够进行细胞呼吸和发酵，具体取决于氧气的多少。在面包制作中，酵母细胞分解面团中的葡萄糖，同时释放能量，产生有氧条件下的副产物二氧化碳和水。

● 有理有据，敢于表达 ●

根据以上信息，写出酵母发酵过程有哪些物质参与，它们发生了什么变化，并用数学中"等式"的形式表示。

任务 2 | **寻找变量设计实验**

活动 1：案例分析

下面我们以全麦面粉与小麦面粉混合发酵及制作面包为例，来开展一场寻找变量的实验探究。

1. 提出问题

在购买面包时，我发现商店里的全麦吐司、全麦面包中的全麦粉的添加比例差异很大。我去咨询面包房的师傅，他告诉我全麦粉因为麸皮纤维多，口感较硬，接受的人群相对比较少。通常他们都会将全麦粉与普通面粉混搭组合，更有利于市场推广。我更加好奇了，营养丰富的全麦粉为什么如此"有个性"？含量增加了之后到底会发生什么？于是我计划通过实验来探索全麦粉的神奇特性，也希望能研究出有效的方法在家就可以制作全麦含量更高、口感能被接受的全麦面包。

2. 研究过程

制作以下3种全麦粉含量不同的面团，先后在同样的条件下发酵并烤成面包。

①全麦粉含量50%：50g全麦粉和50g小麦粉。

②全麦粉含量80%：80g全麦粉和20g小麦粉。

③全麦粉含量100%：100g全麦粉。

实验条件：第一次发酵时间60min，温度28℃，湿度70%RH（相对湿度），1g发酵粉。第二次发酵时间40min，温度34℃，湿度70%RH（相对湿度）。

实验结果：面团体积变化见表3-1，气味均为正常的麦香味。

表 3-1

	全麦粉含量50%	全麦粉含量80%	全麦粉含量100%
发酵前体积（cm^3）	200	200	200
发酵后体积（cm^3）	350	310	300
烤成面包体积（cm^3）	9×9×6=486	8.5×8.5×5=361.25	8×8×5=320

3. 研究结论

（1）全麦粉含量50%：第一次发酵后体积增大到发酵前的1.75倍，烘烤成面包后气孔均匀，气孔大小、味道与购买的全麦粉含量50%面包很接近，所以这个面包的发酵条件探究成功。

（2）全麦粉含量80%：第一次发酵后体积增大到发酵前的1.55倍，烘烤成面包后气孔均匀，气孔较小，口感较硬，味道只有麦香味儿，不发酸。

（3）全麦粉含量100%：第一次发酵后体积增大到发酵前的1.5倍，烘烤成面包后气孔均匀，气孔较小，口感较硬，味道只有麦香味儿，不发酸，需要继续改善。

探究实践，获取证据

阅读案例，运用控制变量的方法将上述探究填写在表3-2中。

表 3-2

实验报告	
研究问题	
研究假设	
假设的依据	
自变量	
因变量	
常量	
实验结果	
实验结论	

活动2：设计实验方案

在设计实验方案前，先回答以下问题。

（1）在本项目任务1的活动中，你认为哪些因素会影响酵母的发酵效果？

☐食盐或白糖或食用油或牛奶或面粉　☐盖上盖子　☐环境温度

☐揉捏排气　　　　　　　　　　　☐其他

（2）面包的发酵效果可以用哪些指标评判？

☐气孔大小　　　　　　　　　　　☐面包体积

探究实践，获取证据

（1）选择一个变量，完成表3-3。

表 3-3

实验报告			
背景信息			
研究问题			
研究假设			
假设的依据			
对照组	实验组1	实验组2	实验组3
自变量			
因变量			
常量			

（2）收集实验中的现象和数据，填写在表3-4中。

表　3-4

实验记录单			
	实验组1	实验组2	实验组3
对照组			
现象或数据			
实验结论			
对实验结论的解释			
现有结论的局限性			
实验过程的反思			

预期成果

请分组完成面粉发酵实验探究报告，然后在班里做汇报展示。汇报展示时，推荐使用PPT，也鼓励使用其他方式。

展示中，请先介绍基础信息（背景信息、研究问题、研究假设、假设的依据）。

展示时，请注意：选择重点，详略得当；对现象或数据的收集和整理尽可能完整、客观、真实；关注现象或数据是如何支撑实验结论的，建立有证据的解释；不要忽视偶然现象；反思实验潜在的局限性。

汇报主要内容包括：标题，团队成员，问题阐述，实验探究过程，实验数据与分析，实验结论，反思，参考文献。

评价反思与改进优化

在本项目中，我们探究了面包发酵的原理，并在发酵实验中选择单一变量进对比行实验，制作一个好吃的面包需要合适的材料配比、温度、水分等，你在制作面包的过程中考虑到这些影响因素了吗？你的面包制作成功吗？请对照表3-5对自己学习的情况进行评分及反思，以便日后改进。

表 3-5

评价内容	评价标准	分值	评分
定义问题	能够在有限的背景信息的情况下，构建相对浅显的有关面包发酵的问题表述	5分	
猜想与假设	能够就面包如何发酵提出一个合理的假设，并且这个假设与一个变量的变化相关	5分	
设计实验方案	能够根据假设制定探究影响面包发酵的实验程序和步骤以获取相关证据或数据；能够列举实验所用的工具、材料和观测内容	5分	
实施实验	能够按照既定计划开展行动；当遇到困难时可以随机应变，提出可行的新方案；能够通过不同渠道、多种方式收集影响面包发酵的数据	5分	
分析证据，得出结论	能够结合观察到的面包发酵的情况和已有的数据对研究问题进行完整的解释，能够初步认识到现有结论的局限性	5分	
交流与表达	能够通过提问、回答问题或进一步解释，澄清有关面包发酵常识或事实性内容；能够选择合适的表达方式，使表达通俗易懂	5分	
总分			
优化改进			
我在本项目中学到了			
有些地方做得不好，我的遗憾			
如果重来一次，我想			

制作水火箭

走进情境，融入角色 >>>

从神话中的嫦娥奔月，到万户异想天开的火箭升空尝试，中国人从古至今对宇宙充满向往，飞天一直是我们的梦。而现代中国的飞天之路要从钱学森先生说起，在美国任教的他听闻中华人民共和国成立的消息，毅然决然辞掉工作，克服一切阻力于 1955 年回国效力。在他的带领下，我们国家的航天事业正式启程，我们的一个个梦想逐步实现，现在的中国正在从航天大国向航天强国蓬勃迈进。为了纪念中国航天事业的成就，发扬航天精神，从 2016 年开始，每年的 4 月 24 日被定为"中国航天日"。假设在"中国航天日"到来之际，北京市拟举办一项水火箭比赛，让广大青少年了解我国航天事业的发展，热爱航天科技，并有志于投身国家航天事业。

在此项目中，你需要迎接的挑战是：

和同伴组成团队，设计和制造一枚水火箭，如图 4-1 所示；然后通过实验测试水火箭的射程；在分析了水火箭性能的初始数据后，再重新设计、构建和测试水火箭的改进版本。

图 4-1

1 **任务类型**

工程产品设计和制作。

2 **涉及学科**

物理，数学。

3 **任务复杂程度**

★★★★

4 **科学素养特色培养**

定义问题，设计和使用模型，分析与解释数据，设计解决方案。

学习目标　>>>

1 **科学概念**

知道水火箭发射是利用喷出的高压水汽混合物的反冲作用力升上高空。

通过应用水火箭的工作原理，改进水火箭的制作工艺及流程，了解工程设计的一般流程。

知道"技术的核心是发明，工程的核心是建造"。

2 **思维方法**

能够运用文献调查法收集和整理信息。

能够在老师的指导下学习，运用实验法感受牛顿第三定律在生活中的运用，并且学习重心的相关知识，掌握物体重心的测定方法。

3 **探究能力**

能够知道工程需要经历明确问题、设计方案、实施计划、检验作品、改进计划、发布成果等过程。

能运用科学原理制作水火箭模型，并基于测试结果对模型进行迭代改进，初步具有一定的构思、设计、实施、优化、验证能力。

4 **态度责任**

能够乐于尝试和运用多种思路和方法进行探究和实践，能够对航空航天领域的科学技术产生浓厚的兴趣，从而激发报国的志向。

任务 1

任务 1　什么是水火箭

活动 1：认识水火箭

水火箭又称气压式喷水火箭，是真实火箭的一种模型。水火箭像真实火箭一样，可以发射升空，其射程可以高达百米。观察真实火箭（图4-2）和水火箭（图4-3），它们有什么相同和不同之处？

 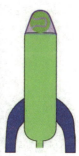

图 4-2　　　图 4-3

有理有据，敢于表达

通过以下问题比较真实火箭和水火箭。

（1）真实火箭和水火箭都具备的构造有什么？

（2）真实火箭和水火箭的运动情况有什么相同之处？

（3）真实火箭和水火箭的动力来源分别是什么？

**知识
链接**

牛顿第三定律

相互作用的两个物体之间的作用力和反作用力总是大小相等，方向相反，作用在同一条直线上。

提示：力总是成对出现。

如果第一个物体对第二个物体施加力，则第二个物体对第一个物体施加相等但相反的力。

活动 2：明确任务

在本项目中，你将和同伴组成团队，设计和制造一枚水火箭。然后通过实验测试水火箭的射程。在分析了水火箭性能的初始数据后，你们再重新设计、构建和测试水火箭的改进版本。最后拿着最终版的水火箭参加校内水火箭竞赛，射程最远者将被推荐参加区级竞赛。

> **有理有据，敢于表达**
>
> 拿到具体任务后，我们可以使用图4-4所示的"解构工具"来分析任务。
>
> 1.目标
> 你的任务是＿＿＿＿＿＿＿＿＿＿＿＿＿＿＿＿＿＿＿＿＿＿＿＿＿＿＿。
> 你的目标是＿＿＿＿＿＿＿＿＿＿＿＿＿＿＿＿＿＿＿＿＿＿＿＿＿＿＿。
> 你可能会遇到的困难和挑战是＿＿＿＿＿＿＿＿＿＿＿＿＿＿＿＿＿＿。
> 2.角色
> 你是＿＿＿＿＿＿＿＿＿＿＿＿＿＿＿＿＿＿＿＿＿＿＿＿＿＿＿＿＿＿。
> 3.对象
> 你要向＿＿＿＿＿＿＿＿＿＿＿＿＿＿＿＿＿＿＿＿＿＿展示成果。
> 4.情境
> 你的挑战包括＿＿＿＿＿＿＿＿＿＿＿＿＿＿＿＿＿＿＿＿＿＿＿＿＿。
>
> 图　4-4

活动 3：定义问题

查找相关资料，并进行小组研讨。

（1）什么是射程？

（2）射程远近与什么有关？

（3）水火箭的哪个部分是影响射程的主要因素？

知识链接　　在真实火箭发射中，燃料在发动机燃烧室里燃烧，产生大量高压气体，高压气体从发动机喷管高速喷出，对火箭产生的反作用力，使火箭沿气体喷射的反方向前进。水火箭与真实火箭推进原理相同，水火箭的水瓶充当火箭的燃烧室，当瓶子打开时，瓶内水向后喷出，水火箭获得反作用力射了出去。

任务 2　　# 设计和制作水火箭

活动 1：设计水火箭

需要用到的材料： 碳酸饮料瓶若干，重量为10g的小球，KT板若干，强力胶带，剪刀。

探究实践，获取证据

　　使用上面提到的材料，在下面空白处画出水火箭设计图，并标注各部分材料名称。

活动2：制作水火箭

制作要点：

①水火箭箭头要稍微尖一些，以符合空气动力学原理。

②所有的尾翼应该大小相同；它们应朝向水火箭的后部。

③重心尽量靠前。

任务3　测试和优化水火箭

活动1：测试水火箭

探究实践，获取证据

　　试飞水火箭，并记录飞行距离和出现的问题，分析可能的原因，填写在表4-1中。

表 4-1

试飞次号	估测飞行距离（m）	出现的问题	可能的原因
第一次			
第二次			
第三次			

知识链接

1. 尺寸（体积）

一般来说，火箭的体积决定了压缩气体中可以储存的最大能量，能量和体积成正比。水火箭可以承受的压力是有限制的（5个大气压几乎是多数塑料瓶的承受极限），因此为了增加可用的能量总量，有必要使用更大的水火箭。

2. 质量

水火箭的重量越小，它飞得就越久。为了使水火箭飞得更远更久，你需要避免在塑料瓶上增加很多的重量，这样水火箭在飞行过程中可以更加稳定。

思考？

还有什么影响因素可以增加水火箭的飞行距离和稳定性呢？

活动2：改进并测试水火箭

探究实践，获取证据

（1）选择一个实验变量改进水火箭，并进行测试，将你的实验过程用表4-2记录下来。

表 4-2

实验报告			
实验目的			
实验假设及依据			
飞行次号	对照组飞行距离（m）		
	实验组1	实验组2	实验组3
第一次			
第二次			
第三次			

（2）将你的发射数据用图4-5所示的统计图的形式画出来，分析水火箭的最佳设计方案。

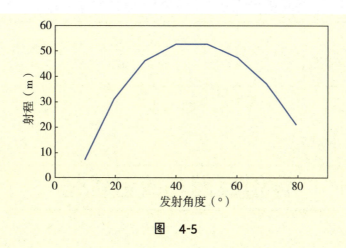

图 4-5

安全提醒：

①发射水火箭时，应避免水火箭撞击任何物体。由于水火箭射程可高达100m，所以测试场所尽量选在空旷的环境中。

②在水火箭发射前，确保团队成员都在安全区域内。

③每次火箭加压前，确保水火箭的密封性良好，再进行发射。

预期成果

比赛要求： 设计一个水火箭参加学校的定点飞行比赛。

①制作完成的水火箭需要加装稳定器、整流罩和充气装置。

②50m定点比赛不能加装降落伞，可以调整发射架的角度。

③如图4-6所示，在规定发射区前方50m处有一个显著的点状标志（定点），以该定点为圆心，距圆心近者为胜，测量精确到厘米。水火箭落地点超出以该定点为圆心、半径为5m的圆之外者，成绩无效。

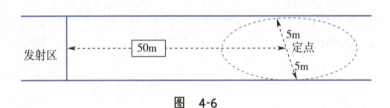

图 4-6

评价反思与改进优化

在本项目中我们运用牛顿第三定律的相关知识设计、制作一枚水火箭，在水火箭的制作、测试和迭代过程中，同学们会经历工程实践流程，最终接近发射目标。表4-3是围绕工程实践流程制定的评价标准，对照此表对自己的学习情况进行评分及反思，以便日后改进。

表 4-3

评价内容	评价标准	分值	评分
定义问题	能够在有限的背景信息的情况下，构建相对浅显的有关火箭发射和飞行的问题表述	5分	
设计和使用模型	能够针对火箭发射开发一个简单的水火箭，并且开发的水火箭足以展现和测试潜在的因果关系	5分	
分析与解释数据	能够应用数学知识进行计算；在允许的情况下，能够比较班上不同小组收集的水火箭数据的相同点与不同点	5分	
设计解决方案	能够在限制条件下设计一个定点飞行的水火箭方案，此方案具备一定的科学性；能够对水火箭定点飞行方案进行评估和改进，体现出对于经验证据的关注	5分	
总分			
优化改进			
我在本项目中学到了			
有些地方做得不好，我的遗憾			
如果重来一次，我想			

项目 5

中华小当家

育英学校有5个学生食堂，食堂制作的健康美味的食品深受同学们喜爱。但一些爱吃花卷、馒头的同学们表示，在学生食堂中很少能见到馒头作为主食。经调研，学生食堂的主食大多是米饭、面条、意大利面等。在主食琳琅满目的现在，馒头（图5-1），大多时候不再是学生的第一选择。是馒头不好吃吗？如何改良馒头的配方呢？学生们正处于青春期，是身体快速发育的阶段，如何制作出既好吃又健康的馒头呢？

图 5-1

在此项目中，你需要迎接的挑战是：

制作家庭厨房安全宣传海报并进行推广；化身学校食品研发工程师，针对馒头制作配方进行改良，通过实验法进行验证，最终确定美味配方。

1 任务类型

制作宣传海报，食品制作配方。

2 涉及学科

生物学，化学。

3 任务复杂程度

★ ★ ★ ★

4 科学素养特色培养

能够理解科学探究是解决科学问题的主要途径，具有初步的科学探究能力。能够运用实验法的基本流程去完成实验，并通过实验获取证据来解释生活问题。

学习目标 >>>

1 科学概念

通过本项目的实验探究，能够了解馒头发酵的基本原理，掌握馒头的制作方法，并学会动手制作。

通过对家庭厨房的观察，善于发现厨房中常见的安全隐患，并对其中涉及的知识原理进行阐述。

2 思维方法

经历本项目的实验探究过程，对比生物学和化学发酵方式的区别，运用实验法尝试寻找最优发酵配比。

3 探究能力

通过本项目的实验探究，能够在老师的指导下进行馒头的制作，对于"不同的发酵方式蒸出来的馒头有区别吗"这一课题独立制订研究计划并实施，自主设计观察指标并能够根据数据得出结论。

对于"发酵的影响因素"这一课题，独立提出可探究的问题、作出假设、制订计划、实施计划、得出结论。

4 态度责任

形成家庭厨房使用的安全意识，掌握灭火等常见的安全措施。

提升动手操作能力，培养良好的劳动习惯和态度。

任务1　厨房安全计划

厨房是家庭住房中必不可少的一个功能区，是指用来做饭菜的空间。在厨房中有可能使用到天然气、煤气灶、微波炉、刀具、洗碗槽、冰箱等多种设备或器具。作为青少年，初入厨房之前，先要了解各项设备或器具的使用方法，并能够识别出常见的安全隐患，以便安全使用。

调研： 对自家厨房进行观察，识别出各处可能出现的安全隐患。

据报道，2023年7月29日，昆明市五华区某新开业不久的火锅餐饮店突发火情，现场火势凶猛，短短时间整家店就被火海吞噬，消防人员接警后立即赶往灭火，所幸无人员伤亡。经调查，此处起火点在厨房……

问题拆解法能够令我们对复杂问题进行梳理规划，从而一一突破，细致解决，形成连贯的解决问题的思路。以"厨房着火"这一安全隐患为例，有同学提出了这些问题：什么是燃烧？在什么样的环境下容易发生燃烧？为什么会发生厨房着火的情况？我们应当如何去规避这一隐患？当火灾发生时，我们可以怎么做？为什么……

● 有理有据，敢于表达 ●

小组讨论：选择厨房中某一安全隐患（如刀具划伤、煤气泄漏、粉尘爆炸等），尝试进行问题拆解。

我们组选择＿＿＿＿＿＿＿＿＿＿＿＿

子问题1：

＿＿＿＿＿＿＿＿＿＿＿＿＿＿＿＿＿＿＿＿＿＿＿＿

子问题2：

＿＿＿＿＿＿＿＿＿＿＿＿＿＿＿＿＿＿＿＿＿＿＿＿

……

做 一 做

　　利用资料查询等方法，分别对几个子问题进行解答，并通过海报或者视频的形式，将这一安全隐患介绍给他人，进行厨房安全科普宣传。海报可以打印出来，张贴在下面空白处。

　　要求：以小组为单位，对某一安全隐患进行资料查询。

　　在一张A4纸上，介绍这一安全隐患的原理和预防措施，达到科普宣传的目的。

任务 2　馒头改良计划

活动1：认识发酵

　　馒头、面包等食品在制作时需要经过"醒面"这一步骤，而这个步骤其实就是发酵。面粉发酵方式有很多种，有先用酒曲发酵，然后加入苏打或小苏打进行酸度调节的；有直接使用泡打粉发酵的；也有用酵母粉进行发酵的……因此不同的人对"发酵"的理解也不一样，有人认为发酵是无机物之间的化学反应，有人则认为发酵是利用了酵母菌的呼吸作用。但无论用何种方式发酵，其本质都是通过化学反应产生气体，使面团内部产生气孔，蒸熟后才会蓬松。

"吹" 气球

活动要求： 选择下列适合的实验材料，尝试把气球吹起来，填写在表5-1中。

活动材料： 气球，矿泉水瓶，白糖，酵母粉，温水，小苏打，苏打，泡打粉。

表 5-1

实验材料	实验步骤和现象	实验原理分析

总结3种发酵方式的共同点：通过一定的化学反应，均产生气体_____。

活动2：馒头制作

在下面的活动中，我们将通过实验法来对比不同影响因素对馒头口感的影响，尝试进行馒头制作，制作出更好吃的馒头，并形成你的独家制作配方，为育英学校食堂改良馒头口感。

某同学上网查阅了馒头制作的一般方法：

①材料准备：大碗，揉面盆，白糖，酵母粉，面粉，温水。

②在揉面盆中，将若干面粉和少许白糖混合。

③大碗中放入30℃左右的温水，再放入4g左右的酵母粉，搅拌后静置5min。

④将酵母水一点点加入面粉中，揉面，揉至表面光滑。

⑤在温暖的环境中进行发酵，约1h，面团变成原来的2倍。

⑥取出面团，揉捏排气，让面团表面光滑，在室温下醒发半小时。（这一步可以省略）

⑦在案板上撒些面粉，把醒好的面团分成均匀的小份，揉成小面团。

⑧小面团放蒸锅里蒸15min左右。

● 有理有据，敢于表达 ●

　　小组讨论：阅读上述制作方法，讨论哪些步骤或者条件会影响馒头的口感？写在下方。

 探究实践，获取证据

　　选择一个你想研究的实验问题，对馒头的制作过程进行改良。亲自进行馒头制作，并把研究过程整理在表5-2中。

表　5-2

研究问题	
研究假设	
假设的依据	
自变量	
因变量	
常量	
实验设计（文字描述，可以用画图辅助）	
实验结果	

预期成果

对你改良后的实验配方进行实践，形成完整的探究报告，并形成最终的美味配方。

把你的配方写出来，和同学们分享。

评价反思与改进优化

在参与本项目后，相信你对家中的厨房有了更进一步的认识。但在生活中，青少年使用厨房一定要坚持安全第一的原则，所以"厨房安全计划"就在帮助我们排查安全隐患，避免发生意外。在安全使用的原则下，根据网上查询的制作方法以及老师的指导，你的馒头蒸成功了吗？有没有根据自己的假设，找到改良配方呢？请对照表5-3对自己学习的情况进行评分及反思，以便日后改进。

表 5-3

评价内容	评价标准	分值	评分
厨房安全宣传海报	能够就厨房某一安全隐患进行问题拆解，通过查询资料找到解决方法，以图文并茂的形式设计厨房安全宣传海报	5分	
馒头制作	能够根据网上查询的制作方法，在老师的指导下，在家中成功进行馒头制作	5分	
改良配方实验	能够选择至少一个变量，并完成表5-2的设计，进行实验后根据结果得出结论，从而确定改良配方	5分	
表达与交流	能够将自己的实验过程及结果在班级中展示；制作的馒头收获家人评价	5分	
总分			
优化改进			
我在本项目中学到了			
有些地方做得不好，我的遗憾			
如果重来一次，我想			

垃圾大作战

走进情境，融入角色 >>>

　　我国的经济和社会正在飞速地发展，城市化进程不断加快。相伴而生的城市生活垃圾的总产生量和产生速度也在日益提高，城市生活垃圾给城市市容市貌造成了非常大的影响。"垃圾围城"现象与日俱增，成为阻碍我国城镇化和循环经济持续健康发展的重要因素。

　　垃圾分类的要求已经持续几年，但仍旧有地区分类规定不完善，居民对分类标准认识模糊，如图 6-1 所示。垃圾分类需要从小抓起，从校园先行。这个项目我们就将打响"校园垃圾分类战"。

图 6-1

在此项目中，你需要迎接的挑战是：

　　完成一个垃圾处理的实验探究报告；调查校园垃圾分类情况；为学校的垃圾分类工作制作一个手册，以便有序推进垃圾分类的进行。

⭐1 任务类型

实验探究报告，调查报告，制作提示手册。

⭐2 涉及学科

生物学，化学，劳动。

⭐3 任务复杂程度

★ ★ ★ ★

⭐4 科学素养特色培养

能够合理分析与综合判断各种信息、事实和证据，运用证据与推理对研究的问题进行描述、解释和预测。

学习目标 >>>

⭐1 科学概念

通过本项目的学习，能够了解国内的垃圾分类现状，认识厨余垃圾的常见处理方式。

了解细菌和真菌在生态系统中的角色及功能，认识到细菌和真菌对其他生物产生重要影响。

⭐2 思维方法

经历本项目的探索，能够熟悉运用观察法、调查法、实验法。

⭐3 探究能力

通过本项目的探究，能够根据生活中的现象进行有目的观察，并在小组合作中提出问题，在老师的启发下完成实验设计，实施实验计划，能够在小组中根据实验结果进行交流讨论，完成从现象到本质的探索。

⭐4 态度责任

参与关于垃圾现状的交流，关注垃圾过剩现状，认同垃圾分类是每名学生的责任和义务。

尝试在垃圾分类、厨余垃圾初步处理、废物再利用等方面身体力行。

任务1

任务1 垃圾分类战

2020年5月1日起，《北京市生活垃圾管理条例》正式实施，垃圾分类深入各家各户。垃圾分类是指不同种类的垃圾需要分开处理，以此减少对自然环境的破坏，还能更高效地进行资源回收利用。

● 有理有据，敢于表达 ●

（1）你观察过常见的垃圾分类类别吗？请你在图6-2中的垃圾桶上标注垃圾类别，并分别设计一个logo。

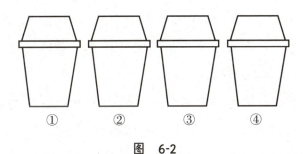

① ② ③ ④

图 6-2

（2）请你将以下常见的垃圾进行分类，给垃圾找到自己的位置，填写在表6-1中。

垃圾：剩菜剩饭，水银温度计，蛋壳，坏土豆，易拉罐，橘子皮，鸡骨头，西瓜皮，牛奶盒，废报纸，电线，废电池，口罩，粉笔，棉签，瓷砖，大棒骨。

表 6-1

有害垃圾	厨余垃圾	可回收垃圾	其他垃圾

　　垃圾分类不仅可以减少对环境的污染，而且还可以减少垃圾的占用面积，同时"可回收垃圾"还能进行二次利用。减少垃圾总量不仅有利于美化城市环境，而且还能够减少资源的浪费、减少二氧化碳的排放量等。

　　目前垃圾分类主要有4种，分别是：

　　①可回收垃圾，如废纸、塑料瓶、玻璃瓶、金属材料以及旧衣服等。

　　②厨余垃圾，如剩菜剩饭、骨头以及各种果皮等。

　　③有害垃圾，如废电池、废节能灯、废水银温度计等。

　　④其他垃圾，如废弃的瓦砾和陶瓷、尘土以及一次性杯子等。

　　当前城市生活垃圾收集的现状令人担忧，主要问题表现在以下几个方面：

　　①垃圾收集设施的分类过于简单。例如，街道上的垃圾桶大多分为可回收和不可回收。分类过于简单，垃圾桶上仅有一个可回收标识，未有其他说明，很难引导人们完全分清，存在着指导图例不完整或不明确的问题。

　　②居民垃圾分类知识比较缺乏。

　　③生活垃圾分类相关法规不完善。法规的约束力是和居民个人意识联系在一起的。目前我国先后颁布了《城市市容和环境卫生管理条例》等法规，但大多偏重于生活垃圾的清扫、收集、运输及管理，极少涉及垃圾分类回收。

· 有理有据，敢于表达 ·

　　(1) 你认为造成我国垃圾分类现状的原因有哪些？

　　(2) 论述垃圾分类的必要性。

任务2   垃圾处理战

厨余垃圾可以用堆肥桶来沤肥，如图6-3所示，既干净卫生又可以废物利用。其实，堆肥桶制作方法很简单，完全可以自制！

图   6-3

制作材料： 1个有盖的桶，塑料水龙头开关（可直接用带开关的桶代替），沥水篮，若干块砖。

制作步骤：

（1）把水龙头开关按在桶上，用笔画出开孔大小，打孔，把水龙头开关安装好。

（2）桶里放砖，砖的堆放高度必须比开关高，砖上放沥水篮，有无纺布的话放1张，没有的话用包鞋子的布袋子也可以，起到多层沥水的作用。

使用方法： 堆肥桶制作完成后，平常家里的水果皮、蔬菜叶都放进去，一个星期后能看见白丝就表示堆肥成功了，如果满是恶臭味就说明不成功。此外，还可以添加菌糠混合物减少制作时间。

（1）观察老师带来的堆肥桶，寻找颜色、气味、形状等多方面证据，说明厨余垃圾腐烂了。思考厨余垃圾在堆肥桶中为什么会腐烂？

（2）推测接下来堆肥桶会发生什么？如何判断或者验证你的推测？

 探究实践，获取证据

根据刚才你的推测，能否设计一个垃圾处理小实验，从而加快厨余垃圾的分解速度呢？

（1）思考：在堆肥桶中，哪些因素会影响分解速度？

（2）选定一个变量，探究××（变量）对厨余垃圾分解的影响。

①提出问题：＿＿＿＿＿＿＿＿＿＿＿＿＿＿＿＿＿＿＿＿＿＿＿＿＿＿＿＿

②作出假设：＿＿＿＿＿＿＿＿＿＿＿＿＿＿＿＿＿＿＿＿＿＿＿＿＿＿＿＿

（3）制订计划：

（4）实验结论：

任务3　校园垃圾大调查

有关资料表明，回收1000kg废纸可以挽救17棵20年树龄的大树。

回收1个易拉罐可以节省1台电视机3h的用电量。

一节1号电池烂在泥土里会使1m²的土壤永远失去耕种价值。

垃圾分类是实现垃圾减量化、资源化、无害化，摆脱垃圾围城的有效途径。

活动1：调查校园垃圾桶的类别和位置

 探究实践，获取证据

（1）借助表6-2（表中以育英学校为例，也可自制表格），通过实地调查，了解校园中的不同区域垃圾桶的类别。

表　6-2

位置	类别	数量	有无问题，什么问题
思问楼南侧教学楼			
白玉兰广场			
操场			
校友广场			
五号食堂			
静心读书吧			

（2）请你根据调查结果，对校园中垃圾桶的分布提供建议。

活动2：调查校园垃圾分类现状

 探究实践，获取证据

（1）想要了解校园垃圾分类现状，需要设计一个调查问卷。小组讨论，完成问卷设计。

调查对象：

问题1：

问题2：

问题3：

（2）利用课下时间，完善问卷并尝试发放问卷。

（3）你们的调研结果是什么？对校园垃圾分类情况进行简述。

预期成果

以前"一箩筐"，如今"四个桶"；过去"填埋早"，现在"变为宝"。关于垃圾分类要求的落实，我们还有很多的路要走。请你针对常见的垃圾，制作一个分类手册，为宣传校园垃圾分类，贡献自己的力量！

要求：

①制定细致、精确、可操作性强、易理解的校园垃圾分类标准。

②适当增添评价机制和奖惩制度。

将你制作的垃圾分类手册先张贴在下面，然后分享给同学们，说明制作依据和使用方法。

评价反思与改进优化

通过本项目的学习，你将对垃圾分类的规则和作用有更清晰的认识。同时，通过垃圾分类手册的制作你将对校园的环境维护贡献自己的力量。请对照表6-3对自己学习的情况进行评分及反思，以便日后改进。

表 6-3

评价内容	评价标准	分值	评分
堆肥桶制作	根据老师的指导，能够尝试在家中成功自制堆肥桶	5分	
调查问卷设计	能够结合项目中任务3的指导，进行校园垃圾分类现状问卷设计	5分	
数据收集处理	真实展开校园垃圾分类调查，合理选择调查对象，将收集的数据进行处理并得出结论	5分	
垃圾分类手册	制作的垃圾分类手册中有明确的分类依据、奖惩机制，实用性强	5分	
总分			
优化改进			
我在本项目中学到了			
有些地方做得不好，我的遗憾			
如果重来一次，我想			

探索绝对稳定

　　市面上有很多稳定类游戏产品，例如不倒翁、平衡鸟、凳子骑等。有人也试图用生活中的物品搭建出一个又一个看似摇摇欲坠实则平衡稳定的结构。但是稳定类游戏产品的稳定性的原理是什么？这个世界上是否有绝对稳定的结构？图7-1展示的是西安大唐不夜城中的不倒翁演员。

图　7-1

在此项目中，你需要迎接的挑战是：

　　你化身为一名游戏产品设计员，接到一份需要制作出一款绝对稳定的游戏产品的任务。没有接触过这类型游戏产品的你，需要研究市面上现存的稳定类游戏产品的原理以及结构设计规则，从而设计、搭建、改进完善出一款绝对稳定的游戏产品，并把它推荐介绍给他人。

1 任务类型

实验探究报告，制作产品并展示。

2 涉及学科

物理，数学，劳动。

3 任务复杂程度

★ ★

4 科学素养特色培养

在探索绝对稳定的学习过程中，利用归纳演绎思维，在解决问题的过程中，尽可能利用已有的知识和经验，从多个稳定类游戏中概括出其中共通的保持稳定的规律，并进行实验论证该规律的适用条件，汇总出较为完整的物体如何保持稳定性的结论，再应用结论，完成产品设计并展示。

学习目标 >>>

1 科学概念

通过对绝对稳定状态的探索与实践，能够掌握关于重心、稳定等内容的基本知识。

2 思维方法

经历对绝对稳定状态的探索与实践过程，运用逻辑推理法、总结归纳法等实验方法，能够重点掌握实验方法中的总结归纳法。

3 探究能力

通过对绝对稳定状态的探索与实践，能够经历完整的科学探索过程，可以自主提出可探究的问题，可以画出设计图、制订实验计划，最后根据实验得出结论，并在老师的指导下写出简要的实验报告。

4 态度责任

通过完整的科学探究过程，经历克服困难、解决困难的过程，最终收获胜利果实；体会科学探究的成就感和满足感；了解任何产品的设计都不是一蹴而就的，需要不停地调试和改进。

任务 1　探究绝对稳定

市面上已经有一些稳定类游戏产品，是什么原因让这些产品的结构保持稳定？它们保持稳定的原理是否相同？

活动 1：初探稳定

仔细观察不倒翁和平衡鸟这两个经典的稳定类游戏产品，画出它们的内在结构。了解使它们保持稳定的结构是什么？让它们保持稳定的原理有哪些？通过文字和画图的形式呈现你自己的研究成果，完成表 7-1。

表　7-1

产品名称	不倒翁	平衡鸟
产品图片		
内在结构		
保持稳定状态示意图		
保持稳定的原理		

● 有理有据，敢于表达 ●

　　不倒翁和平衡鸟这两个游戏产品能保持稳定的共同点是什么？请将你的观察填写在图7-2的空白框中。

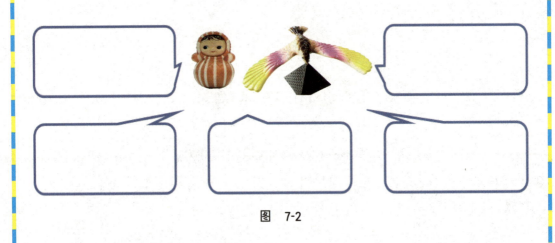

图　7-2

　　结论：保持稳定的关键在于_____。

 **资料卡片**

不倒翁的典故

　　不倒翁是中国一种古老的儿童玩具，最早的记载出现于唐代。它形状像人，一经触碰就摇摆然后恢复直立状态，扳倒后能自动起来，俗称"扳不倒"。图7-3中的产品就是不倒翁。

　　不倒翁因其按压旋转不倒的特点，被赋予"善于自保"的代名词。有这样一个故事：清朝有个大官，党羽众多。一次，一个自称其门生的人来拜见他，并带来一个大漆盒。他打开一看，里面是百十个大小不同的不倒翁。门生说："家乡的泥土易制此物，技艺亦颇精巧，特送给大人解闷。"大官收下了，暗笑这门生有点儿冒傻气。门生走后，家人都来看这些玩意儿，发现每个不倒翁背后都贴着写有名字的字条，其中最大的一个贴着那位大官的名字。盒内有一纸条，上面写着："头锐能钻，腹空能受，冠带尊严，面和心垢，状似易倒，实立不扑。"此言把不倒翁的形象刻画得惟妙惟肖，且讽刺之痛切。大官大怒，令手下人细查，才发现自己根本没这样一个门生。

图　7-3

活动 2：再探稳定

我们发现市面上任何稳定类游戏产品离不开"重心"这个概念——相对于整个结构来说，重心越低的物品越容易保持稳定。

 探究实践，获取证据

（1）体验以下两个动作小游戏，感受人体的重心，完成表7-2。

表　7-2

动作要点	动作示意图	感受
直立靠墙站好，保持肩膀、臀部、脚后跟都与墙面紧贴　在保证下半身不动的前提下，做直立体前屈，如右图所示		

（续）

动作要点	动作示意图	感受
一名同学坐在凳子上，如右图所示，保证后背贴近椅背　另一名同学按住该同学脑门眉心处，并保持不动　坐在椅子上的同学请站起来		
游戏结论		

（2）体验完重心对保持稳定的重要性之后，我们在设计产品时就需要考虑重心所处的位置。

那么如何找到物体的重心呢？

地球对地表物体施加的重力是作用在物体各个部分上的，物体的各点所受的重力会产生一个合力，这个合力的作用点就是物体的重心。如果是质量均匀分布且几何外形规则的物体，其重心就在几何中心，如球体重心在球心上。那么，质量分布不均匀的物体，它们的重心该怎么找呢？

材料： 不规则薄纸板，细线，铅笔。

步骤： ①在薄纸板边缘任选一点A，扎一个小孔，将细线穿过小孔系好。

②沿细线方向画一条竖直线AB。

③重复步骤①和②，再得到一条直线CD，两条直线的交点O就是薄纸板的重心，如图7-4所示。

④尝试着用铅笔尖顶着这一点，通过是否能将整个薄纸板稳定地举起来，验证重心设置是否找得正确。

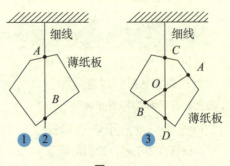

图 7-4

以上是寻找平面（二维）物体重心的过程，那么如果是一个立体（三维）物体呢？如何寻找立体物体的重心？请小组讨论后，模仿图7-4，将过程的简单图示画出来。

任务 2　制作绝对稳定类游戏产品

经过之前的学习，我们已经知道稳定类游戏产品最重要的就是重心位置——只要支撑住重心所在的竖直线（垂直于地面），就可保持结构稳定；重心越低，重心越不容易偏离这条竖直线，结构就越稳定；重心可以不在物体上，甚至可以在整个结构的正下方。这种情况下的物体，哪怕看上去摇摇晃晃，但仍保持着稳定状态，不易翻倒，我们可以称之为"绝对稳定状态"。例如：平衡鸟之所以会保持平衡，那是因为整只鸟实际的重心在嘴尖这点的下方。虽然看起来鸟的身体在空中，鸟的着力点在嘴尖的支撑物上，但是实际鸟的翅膀重量相对较重，整只鸟重心在嘴尖的正下方。

● 有理有据，敢于表达 ●

已经学习了这么多，相信你对于需要制作的绝对稳定类游戏产品已经有一定的想法了。那么现在请利用表7-3的材料，制作一款绝对稳定类游戏产品，并将设计图画在表7-3中。

有理有据，敢于表达

表 7-3

材料	冰棒棍 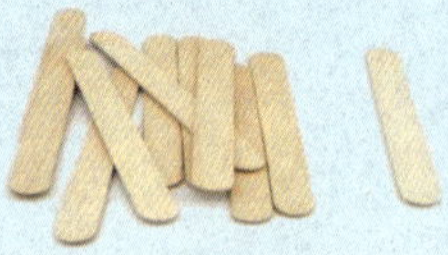	白乳胶 	螺母（配重） 
用到的重心知识			
设计图（注：请在设计图中标出产品预设的重心位置）			
设计特点（产品的趣味点或外观寓意或重心位置等）			
产品制作完成后第一次尝试是否成功，简述改进方法			
产品制作完成后第二次尝试是否成功，简述改进方法			
第三次……			

预期成果

请将你的过程性资料进行展示，如设计稿件、绝对稳定的游戏产品实物（或实物图片）以及关于该游戏产品的简介等，成果展示的形式可以参考表7-4，也可以利用PPT等多媒体方式进行展示。

表　7-4

绝对稳定的游戏产品展示照片（或设计稿）
绝对稳定的游戏产品简介

评价反思与改进优化

在本项目中，你体会到了重心对于平衡稳定的重要性，重心在竖直方向上和在水平方向上的偏移都会对物体的稳定性有一定影响，在这里面还需要考虑物体本身的形状和质量分布情况。你对"什么因素会影响物体的稳定性"这一小课题是否有兴趣，可以通过控制变量法实验进一步探究。

你设计的绝对稳定的游戏产品（小摆件）效果如何？有没有为你的专属游戏产品取一个响亮的名字并设计一段生动的产品介绍？你的游戏产品有没有在班级中引起反响？请对照表7-5对自己学习的情况进行评分及反思，以便日后改进。

表 7-5

评价内容	评价标准	分值	评分
任务完成度	制作一个绝对稳定的游戏产品	5分	
趣味性和美观性	针对趣味性和美观性进行打分	5分	
作品制作的质量（实用性）	制作的绝对稳定的游戏产品是否能达到标准要求，符合标准要求的计5分，接近标准要求的计3分，与标准要求相差较远的计1分	5分	
小组合作程度	有明确的分工且贯彻实施，每名成员都安排了相应的任务，并且每个人明确自己的任务，有条理地执行	5分	
技术含量	设计的游戏产品含有两种或两种以上的知识或技术	5分	
特色	含有自己小组特色内容的加分（游戏产品展示或者简介）	5分	
展示	展示环节经过精心设计，能维持基本纪律，能表达清楚，能借助PPT或视频或实物或演示实验等方法进行展示	5分	
总分			

优化改进	
我在本项目中学到了	
有些地方做得不好，我的遗憾	
如果重来一次，我想	

项目 8

制造彩虹美丽心情

走进情境，融入角色 >>>

1989 年，世界卫生组织对健康作出了明确定义，即健康不仅是没有疾病，而且还包括躯体健康、心理健康、社会适应良好和道德健康。为此每个人要想身体健康，必须具有健康的情绪。鲜艳又明亮的彩虹往往会给人带来好心情，雨后天上出现的彩虹能够治愈人们的心灵。

在此项目中，你需要迎接的挑战是：

假如你是一名班级心理气象员，看到彩虹心情就会变美丽的你希望把这份美丽心情带给全班同学。你需要在"心理日"这天，设计两个小活动，让所有同学参与进来，让每一个人都能体会到彩虹（图8-1）带来的好心情。最重要的是，你还需要将这份"美丽"留存下来。

图 8-1

1 任务类型

产品制造说明书，创作艺术作品。

2 涉及学科

物理，生物学，美术，劳动。

3 任务复杂程度

★★

4 科学素养特色培养

经历分色、选色、合色、变色的过程；在解决问题的过程中，训练联想思维，尽可能利用已有的知识和经验，把众多的信息和解决问题的可能性进行汇总，在不同事物中产生联系，将科学与美术联系起来。

学习目标 >>>

1 科学概念

通过对制造彩虹美丽心情的探索与实践，能够初步了解光的折射、反射、色散、物体的颜色、光的颜色等内容的基本知识，可以用自己的话对现象进行描述。

2 思维方法

经历对制造彩虹美丽心情的探索与实践过程，运用了对比法、模型法等实验方法，能够重点掌握实验方法中的模型法。

3 探究能力

通过对制造彩虹美丽心情的探索与实践，能够经历完整的科学探索过程，可以自主提出可探究的问题，可以画出设计图、制订实验计划，最后根据实验得出结论，并在老师的指导下写出简要的实验报告。

4 态度责任

通过完整的科学探究过程，经历克服困难、解决困难的过程，最终收获胜利果实；通过在制造彩虹过程中总结注意事项，体验实验原理与实践之间的关系，初步感受到科学无极限。

任务1　如何制造彩虹

好心情总是能让人活力满满，光芒四射。拥有美丽心情的人，不仅能让自己开心，还能给他人带来正能量，成为朋友中的小太阳。

活动1：观察彩虹

（1）回忆一下，做哪些事情会给你带来好心情？

（2）做一做那些让你感到好心情的事情，分享出来，让好心情加倍！有一位物理老师，她硕士研究生阶段学习的是光学专业，每次看到彩虹都能让她心情愉悦，她也想将这份好心情带给大家。如图8-2和图8-3所示，让我们一起来看看彩虹吧！

图 8-2　　　　　　　　　　　　图 8-3

有理有据，敢于表达

对于彩虹，你知道多少？你了解彩虹哪些方面的知识？填写表8-1。

表 8-1

	我了解彩虹
1	
2	
3	
4	

知识
链接

彩虹的腼腆双胞胎姐妹——霓

平时，我们看到的彩虹多数是一条，视角（从地面至虹顶的角度）约42°。有时，在彩虹的外边还能看到一条颜色顺序与这条彩虹恰好相反，且较暗一些的另一条虹，这条叫副虹。主虹是内紫外红；副虹是内红外紫，副虹又叫霓。霓与主虹为同心的圆弧。霓的视角大约51°，它的成因与主虹基本相同，是阳光在小雨滴中经过两次全反射和两次折射而形成的，即折射—全反射—全反射—折射而形成的。

霓常伴随主虹出现，它通常比主虹细一些、暗淡些。图8-4和图8-5中能隐约看到霓。

图 8-4

图 8-5

彩虹不是半圆形的吗

在地平面上，我们看到的主虹与霓是半圆形的，那是因为它们下半部分被地面遮住了。若是站在高山顶上，就能看到主虹与霓的大部分。通常只有在晴朗的天气时，从飞机上向下看，才能看到主虹与霓的全貌，即完整圆环，如图8-6所示。

图 8-6

尽管常因地面的阻挡，令人们看到一个完整的彩虹非常困难，但实际上大部分可见的彩虹是呈正圆的弧形。如果太阳的角度太大（例如在中午前后），或太小（近日出或落日），我们也不易看到彩虹，又因彩虹是阳光经小水滴反射进入我们眼睛的，所以彩虹永远出现在太阳的对面，因此一般情况下，朝虹见于西方，夕虹见于东方。

活动2：制造彩虹的基本方法

彩虹是人们时常看到的一种自然界的光现象。很多人认为只有雨后才能出现彩虹。其实，这种看法是不全面的。雨后天空有时会出现彩虹，但是在阳光下，喷泉或瀑布的周围也会出现彩虹；在夏天，街上奔跑的洒水车的后面，有时也会出现一段彩虹，如图8-7所示；用喷雾器在空中喷雾也可能形成彩虹。

把彩虹的意义拓宽一些，生活中的很多场景都能看到彩虹，比如暗室中用灯光照射三棱柱型尺子，如图8-8所示，又如夏日午后的某些出其不意的角落，都能看到类似于彩虹的七色光芒。

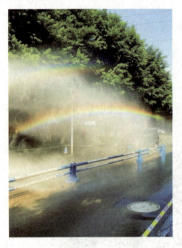

图 8-7　　　　　　　　　　图 8-8

 探究实践，获取证据

参考图8-9，你知道哪些方法可以制造或发现彩虹吗？填写在表8-2中。

图 8-9

表 8-2

	制造或发现彩虹的方法
1	
2	
3	
4	

　　在中学物理课上，有个光的色散实验：取一个三棱镜，让一束白光穿过狭缝射到三棱镜的一个侧面。光通过三棱镜后，前进方向发生改变，若用白色光屏承接，我们将看到彩色光带，顺序是红、橙、黄、绿、蓝、靛、紫七种颜色，如图8-10和图8-11所示。这与彩虹的颜色很相似。空气中飘浮着大量的小水滴，当太阳光照射到这些小水滴上，一个个小水滴就像三棱镜似地把白光分解成七种单色光，这就是光的色散。

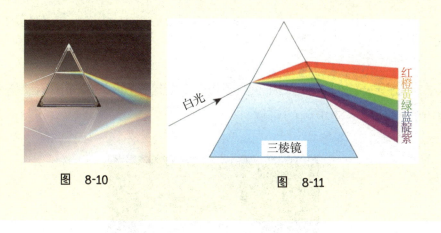

图 8-10　　　　　　　　　　　图 8-11

　　自己动手操作光的色散实验，有哪些技巧可以又快又好地完成实验，使得出现的彩虹各种颜色清晰可见、形状好看且规模更大？请将这些技巧总结成注意事项填写在表8-3中。

表 8-3

实验注意事项	

活动3：制造彩虹说明书

在光学中，我们用带箭头的直线"——➤"来表示光线的照射方向。这并不是说光线实际就长成这个样子！而是我们用这样的简便形式来研究光、研究光线，这样的方法属于模型法。

除了三棱镜，我们还可以用多种多样的方法制造彩虹。如图8-12所示，可以利用身边的物品制造出美丽的彩虹。

图　8-12

实验说明：

①请用镜子、水、白光制造出彩虹，用白纸作为光屏从而找到彩虹。

②太阳光就是典型的白光（因为具有色温，看上去有点发黄），用太阳光效果最好，实验室中用白光手电筒照射出来的白光也可以达到效果。

③仿照光的色散实验中的光路图，在白纸上画出这个实验的光路图（大致即可）。

④仿照光的色散实验中的注意事项，写清找到彩虹的秘诀，也就是制造彩虹说明书，把说明书贴在下面空白处。

注意：光源不要直射眼睛，若不小心被照射到立刻闭眼扭头。

有理有据，敢于表达

完成制造彩虹说明书后，画出简易光路图、写出实验秘诀，填写表8-4。

表 8-4

简易光路图

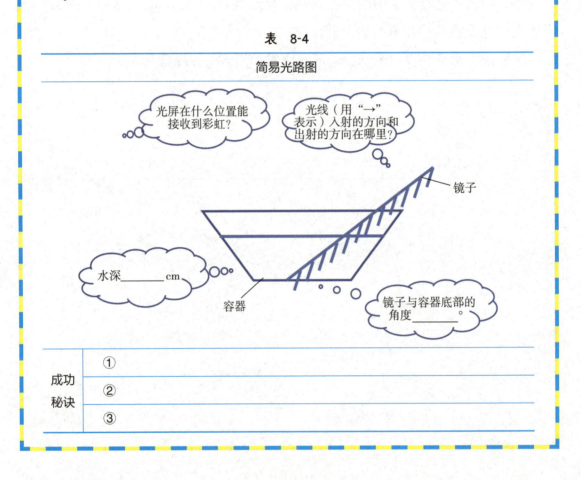

成功秘诀	①
	②
	③

📖 资料卡片

牛顿的光路图

17世纪末，牛顿开创了一套崭新的实验哲学。想要理解世界是如何运转的，人们不再局限于翻读书籍，而可以通过观察和实验来自行提出并验证某种假说。图8-13是牛顿对光的色散实验的速写，是不是与你画的"制造彩虹说明书"中的光路图很像？科学研究就是这么朴实无华，每个人都有可能成为科学家。

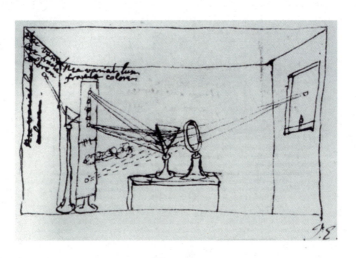

图　8-13

任务 2 # "多彩"的世界

　　这个世界是多彩而美丽的，人类的眼睛能接收并发现所有的美好。而真实的情况是这样的吗？这个世界的颜色跟我们想象的一样吗？我们看到的颜色就是物体真实的颜色吗？

活动1：分光与选光

　　光的色散实验又叫分光实验，指的是将一束白光分成一条连续的色带。这条色带是一个连续的光谱，里面实际上有无数种颜色。按照习惯，我们将这条连续的色带分为七种颜色——红、橙、黄、绿、蓝、靛、紫。

　　图8-14已经完成了分光，你有没有什么办法将其中的某一种颜色选取出来，如红色？请将示意图画在图8-14上，并填写表8-5。

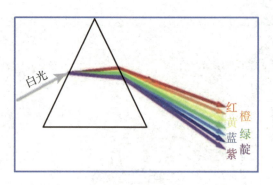

图 8-14

表 8-5

分光后，选取"红色"的方法汇总表
1
2
3

　　我们之所以能看到各种物体的颜色，是因为有对应颜色的光线反射到我们的眼睛中，眼睛感知到这种颜色的存在，我们才能看到物体的颜色（图8-15中是各种颜色的花朵）。例如：在自然白光环境下，看到白色的纸是因为所有颜色的光线都被这张纸反射到眼睛中；看到红色的纸是因为这张纸只能反射红色光到我们眼中，那除了红色之外的其他颜色去哪里了？是被这张纸吸收了。所以不透明物体的颜色取决于该物体能反射的色光。同理，透明物体的颜色取决于该透明物体能投射的色光。

图 8-15

探究实践，获取证据

分小组实验。

一名同学用三棱镜和白光手电筒做光的色散实验，用白纸或者白墙作为屏幕承接光。

另一名同学分别将红色、绿色、蓝色、紫色、灰色等透明薄膜放置在三棱镜出光位置进行光的挑选，仔细观察，屏幕上还剩下什么颜色的光线？

 思考

为什么会出现这样的情况？请简单解释，填写表8-6。

表 8-6

用不同颜色的透明薄膜选光实验			
序号	薄膜颜色	选光结果	说明
1			
2			
3			
4			
5			
6			
7			

这是一种"比黑还要黑"的材料

在光学中，白色不是一种颜色，而是复色光，而黑色也不是一种颜色，而是代表着"无"颜色。不过即使是在黑夜，因为周围存在一些微弱的光源（如星光、月光、灯光等），人眼还是能捕捉到一些光线从而观察到物体的大致轮廓的。但是科学家们试图寻找或者发明出一种黑色涂料，能吸收掉所有的光线，称之为绝对黑涂料。研究人员将碳纳米管平行排列，组成99%中空的片状材料，光子落在材料上，迷失在碳纳米管之间，找不到出路，因为几乎没有可供反射的物质，如此便可捕获大量光线，吸光率达到创纪录的99.985%，如图8-16所示，在自然光照下，物体表面的凹凸起伏都看不到。

图 8-16

这种无反光材料是一种尖端的物理科技，意义重大。它可以有各种各样的应用：既然它可以隐藏物体表面的凹凸起伏，那它会是一种理想的军事伪装涂层（尤其可用于战斗机）；它几乎能吸收所有的光子，可用于制造高效的太阳能板；它还能消除进入摄像机、照相机和望远镜镜头的干扰光，以获得更佳的成像效果；……

绿色的植物是"喜欢"绿色吗

实际上，绿色的植物并不"喜欢"绿色，红色的花也不"喜欢"红色。绿色的植物（图8-17）更"喜欢"的是红色和蓝色，它们吸收了红色和蓝色，把绿色反射出来，所以我们看到草就是绿色的了。所以绿色的植物并不是"喜欢"绿色才呈现出绿色，恰恰相反，它们正是不需要绿色才将绿色反射出来的。试想一下，如果给绿色植物只照射绿色光线，会发生什么事情呢？

图　8-17

活动 2：光的三原色

这个世界多姿多彩，但遗憾的是人眼并不一定都能观察到。研究表明，人眼只对三种颜色敏感，分别是红、绿、蓝，人眼中也只有这三种颜色的感光细胞。这些感光细胞主要分为两种类型：视杆细胞和视锥细胞，如图8-18所示，前者主要负责在弱光环境下为我们提供基本的视觉信息，后者则负责分辨颜色、亮度和细节。

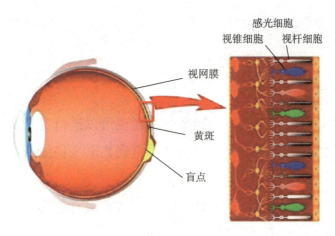

图　8-18

可是我们明明也能看到黄色、紫色和其他很多颜色啊！那是因为当这三种颜色光按照不同比例混合在一起后照射到人眼中，大脑将这种信息进行处理，处理出了不同的颜色反馈，从而造成了这样的错觉。所以只将红、绿、蓝这三种光按照不同比例混合起来，我们人类就可以"看到"所有颜色的光了，我们就将这三种光称为光的三原色。

● 有理有据，敢于表达 ●

打开手机或平板电脑或台式电脑屏幕，调成不同颜色，用显微镜仔细看看吧！填写表8-7。

表 8-7

屏幕颜色	显微镜下看到的颜色	公式
白	红、绿、蓝	红+绿+蓝=白

探究实践，获取证据

进行小组实验。

与光的色散实验正好相反，不同颜色的光也可以进行合光实验。

将红光、绿光、蓝光手电筒分别组合，打到光屏（白纸或白墙等）上，你能看到什么颜色？

如果你的三原色手电筒能调节颜色明暗，就可以有更多组合，看到更多颜色的光了！填写表8-8。

表　8-8

单色光颜色	合光颜色	公式
红、绿、蓝	白	红+绿+蓝=白

　　人类的进化过程就是这么神奇，从物理机制上减少了细胞种类，也减少了进化出错的概率和遗传信息储存空间，但又从大脑的信息处理上弥补了这个缺失，人类依旧能观察到多姿多彩的世界。同理，人们在电子屏幕的生产上也选择了这样的方式。表8-9是屏幕颜色和显微镜下观察的真实情况。哪怕离得远些或者眯着眼睛也是能看出屏幕本身颜色的。

表　8-9

屏幕颜色和显微镜下实拍图			
白色（复色光）	黄色（复色光）	品红（复色光）	绿色（单色光）

光的三原色与颜料的三原色

光的三原色和颜料的三原色是两种不同的颜色模型，它们分别用于描述光的混合和颜料的混合。

光的三原色是红、绿、蓝（RGB），它们可以通过加色混合来得到其他颜色的基本色。在光学中，我们常常使用"加色混合"来表示颜色的混合方式，即当不同颜色的光线叠加在一起时，它们会产生新的颜色。

颜料的三原色是青、品红、黄（CMY），它们是可以通过减色混合来得到其他颜色的基本色。在颜料中，我们常常使用"减色混合"来表示颜色的混合方式，即当不同颜色的颜料混合在一起时，它们会吸收掉相应的光线，从而产生新的颜色。例如，当青色颜料、品红色颜料和黄色颜料混合在一起时，它们会产生黑色颜料。

颜料调色是按照颜料吸收什么光做减法。如：

青颜料吸收红光，反射绿光和蓝光，白－红=绿+蓝=青

品红颜料吸收绿光，反射红光和蓝光，白－绿=红+蓝=品红

黄颜料吸收蓝光，反射红光和绿光，白－蓝=红+绿=黄

图8-19a为光的三原色，图8-19b为颜料的三原色。

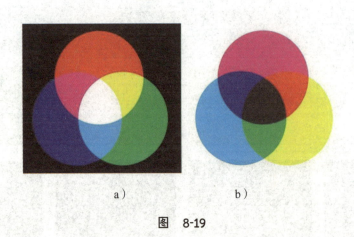

a)　　　　　　　　　　b)

图 8-19

任务 3   光学艺术创想

在之前的学习中，我们已经经历了分色、选色、合色的过程，接下来我们看一看变色。

探究实践，获取证据

变色的方式有很多，常用的如光学变色颜料，在不同光照条件下会产生视觉上的变色效果，给人一种颜色变换的感觉。某些特殊材料，如光学变色亚克力片会对光线进行反射、折射或散射，从而产生不同的颜色效果，如图8-20所示。

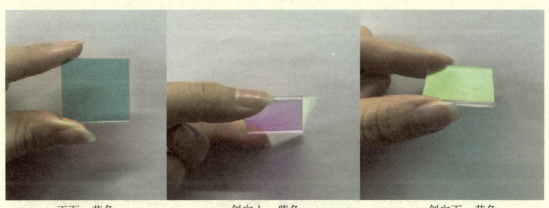

正面：蓝色   斜向上：紫色   斜向下：黄色

图 8-20

动态可变彩色防伪标签的原理也是如此，基于光学效应，当光线照射到标签上时，标签可以呈现出单一的颜色，也可以呈现出多种颜色的组合，甚至可以呈现出动态的效果，如闪烁、流动或变换。这种可变的色彩和动态效果是由标签上的微小结构或颜料粒子所决定的。

除此之外，还有热效应、氧化还原等方式进行变色。

请利用白光手电筒光学变色亚克力片完成光学艺术创想绘画作品，借助变色原理、光的直线传播（影子）、画笔等多种方式或工具展示你的创意作品。示例如图8-21所示。

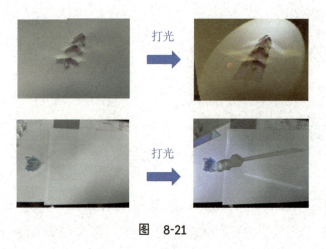

图　8-21

预期成果

图8-22中的作品范例展示的是同学利用光学变色亚克力片拼搭出的一个梯形结构，用手电筒从不同方向打光后，展示出不同的创想——小精灵和飞机。

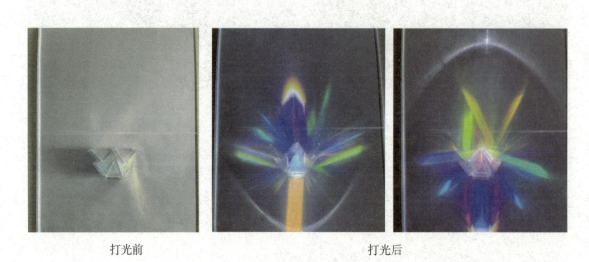

打光前　　　　　　　　　　　打光后

图　8-22

请你充分发挥创意和想象力，完成你的光学艺术创想绘画作品，用它制造出能调节好心情的颜色，把你的作品拍照后，打印出来贴在下面的空白处。

评价反思与改进优化

本项目从彩虹入手，实际上研究的是光，包括光的折射、光的颜色、光的三原色与颜料三原色的区别、物体的颜色、颜色与眼睛的关系等内容，经历了分色、选色、合色、变色的过程，将光谱中可见光这一范围做了研究。

学习完本项目之后，希望你能在获取很多有趣知识的同时，也通过制造作品来收获美好心情，就像本项目开头说的那样，鲜艳又明亮的彩虹往往会带来好心情，希望制造出的颜色也能像雨后天上出现的彩虹一样治愈人们的心灵。

好啦，项目已经结束，请对照表8-10对自己学习的情况进行评分及反思，以便日后改进。

表 8-10

评价内容	评价标准	分值	评分
小组合作程度	小组决定好的事情能够坚决执行	5分	
	小组分工明确，合作愉快	5分	
	能够为小组完成任务提供支持或者帮助（物质或者精神）	5分	
	在小组当中能够积极出谋划策，提出意见，并且接受别人给予的建议	5分	
任务完成度	对于自己负责的内容能够认真完成并且按时交付	5分	
	完成了两个小活动	5分	
	除了小组安排的基本任务之外，我还能完成额外的工作	5分	
	对自己的任务完成情况很满意	5分	
作品制作质量	作品应用了一种或一种以上前面所学的光的知识	5分	
	作品达到了趣味性或者美观性的任务目标	5分	
自身状态	遇到困难能积极面对，尽自己所能去解决	5分	
	在本项目的学习中感觉自己很充实	5分	
	学到了光学知识或对之前学过的光学内容有新的感悟	5分	
	能够在项目中一直保持积极乐观的心态	5分	
总分			
优化改进			
我在本项目中学到了			
有些地方做得不好，我的遗憾			
如果重来一次，我想			

叶叶各不同

走进情境，融入角色 >>>

叶是植物体制造有机养料的主要场所，它们是天然的"太阳能电池板"，通过照射阳光获得生长的能量，并释放出氧气。在不同的环境中，叶片演化成多种多样的形态，有的甚至非常奇特，目的都是为了确保机能得到最有效地发挥。叶片与我们的生活息息相关，我们无时无刻不在享受着它们的馈赠。

"北平之秋就是人间的天堂也许比天堂更繁荣一点呢"老舍曾经用这样的句子来形容北京的秋天。如图9-1所示，这是育英学校世纪之林秋天的景象。正是这金黄的落叶才使得世纪之林是同学们快乐午间最爱的去处。不仅是校园里，秋天也是我们去户

图 9-1

外赏叶的最美季节。除了欣赏美丽的大自然景色，我们还可以多捡拾一些不同颜色和形状的树叶来玩转秋叶的创意，让秋天因为这些创作而过得更加充实。

在此项目中，你需要迎接的挑战是：

收集树叶标本，借助显微镜观察叶的结构；制作叶脉书签，进行树叶的艺术创作，设计海报介绍创作的作品。

1 任务类型

实验观察记录，创作艺术作品，作品宣传海报。

2 涉及学科

生物学，化学，美术。

3 任务复杂程度

★★

4 科学素养特色培养

能够在老师的指导下设计实验，按规划去实施并形成产品，学会利用实物、海报等与他人交流自己的结论。

学习目标 >>>

1 科学概念

能够认识叶的多样性，理解叶的形态、结构与功能的统一性，理解叶片的多样性体现了植物对环境的适应，了解色素提取等科学知识。

2 思维方法

运用科学探究的多种方法，能够重点掌握观察法。

3 探究能力

经历科学探究的一般过程，能够针对老师提出的可探究的问题做出自己的假设、在老师指导下制订计划、小组合作实施计划，能够表达和交流自己的探究结果。

4 态度责任

在探究过程中，逐步树立尊重自然、尊重生命、保护环境的生态文明观念。

任务1　校园植物叶的观察和分类

活动1：观察叶的组成和形状

世界上没有完全相同的两片树叶。我们要想认识叶的形态、结构、功能和多样性，需要具备一些叶的基础知识。我们在教科版《科学　四年级下册》教材中已经学习过"茎和叶"，知道叶是光合作用的主要器官，并且简单了解了"光合作用"的概念。接下来我们以校园鸡爪槭及校园其他植物为例，请同学们观察叶片的形状，讨论形状特点与发挥光合作用功能之间的关系。

有理有据，敢于表达

（1）讨论怎样进行叶的观察？

观察点多样：如叶片、叶尖、叶基、叶缘、叶脉的形状，叶色，叶片的大小、薄厚、质地、气味及内部结构。

观察方法多样：视觉、味觉、触觉、嗅觉、听觉等多感官。

观察工具多样：尺子、放大镜、显微镜等。

（2）观察在校园不同环境下采集的植物的叶。

银杏是扇形叶、叉状脉；松树的针形叶具有耐寒性；桃树是奇数羽状复叶、网状脉；香蒲是线形叶、平行脉；睡莲是椭圆形叶，浮生于水面，全缘，叶基心形；香蕉是大型叶、平行脉，有苞片（变态叶，保护花朵）；龟背竹叶片带孔，叶尖滴水；驱蚊香草叶片深裂，叶缘有锯齿，带香味；含羞草叶片为羽状复叶，受到碰触会闭合；猪笼草是变态叶——捕虫笼，其捕虫技巧适应缺乏营养的环境；仙人掌变成刺的叶适应干旱环境，落地生根是肉质叶；叶缘生长小植株；等等。

探究实践，获取证据

观察一个完整的叶，将它各个部分的名称填写在图9-2方框中。

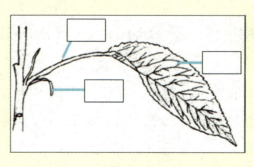

图 9-2

活动2：借助显微镜了解叶片的结构和功能

叶片多样的形态结构实现了各自独特的功能，而独特的功能有助于植物在所处的生态环境中生存下去，这是植物适应环境的生存智慧。

有理有据，敢于表达

借助显微镜，可以帮助我们发现微观世界的奥秘。请你在显微镜下观察叶片的横切面，完成下面的观察记录。对比香蒲叶片和睡莲叶片的横切面与纵切面，分析两种水生植物叶片内部气孔的结构是怎样有助于植物适应水生环境的。

探究实践，获取证据

请把你在显微镜下观察到的两种叶片横切面画下来。

活动 3：对校园植物叶片进行形态学分类

探究实践，获取证据

继续收集校园植物叶片，按照同一观察点对收集的校园植物叶片进行调查、统计和分类，填写在表9-1中。

表 9-1

分类标准	类型	植物名称
按照一个叶柄上生有叶片的数量	单叶	
	掌状复叶	
	羽状复叶	
	三出复叶	
	单身复叶	
按照叶脉的分布	网状脉	
	弧形脉	
	羽状平行脉	
	掌状脉	

任务2　发现叶片中不一样的美

活动1：玩转植物色素

　　色素提取原理：色素溶于有机溶剂而不溶于水，可用95%的乙醇、丙酮等有机溶剂来溶解色素，从而提取叶片中的色素，如图9-3所示。色素提取也可用水浴加热法，即把叶片剪碎后放在95%的乙醇中，进行隔水加热来提取。一般地说，叶片加热到变成黄白色，叶片中的色素基本上就被提取出来了。

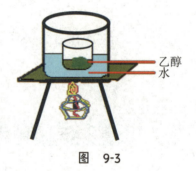

图　9-3

　　利用色素提取原理，我们提取杨树树叶中的绿色；提取紫叶李树叶中的紫色；提取鸡爪槭树叶中的红色；提取银杏树叶中的黄色。为了更好地留下植物色素的印记，选择提取到的一种色素在下面空白处制作一幅树叶拓印画吧！

活动 2：巧手制作叶脉书签

是否有同学知道叶脉书签是怎样制作的？为什么只保留了叶脉、叶肉呢？

首先，叶肉遇到碱性液体就会发生腐烂，经过加热，它腐烂速度更快。其次，叶脉由坚韧的纤维构成，不容易被腐蚀。所以，我们可以用氢氧化钠溶液将叶肉部分腐蚀掉，叶脉就保存下来了。

请将你制作叶脉书签的过程写出来，并把制作的书签粘贴在下方。

活动 3：树叶的艺术创作

对叶片进行创意加工，加入绘画、植物粘贴等多样元素，设计新颖、美观、独特的树叶艺术作品。

请将你的树叶艺术作品拍照后，打印出来粘贴在下方。

预期成果

　　制作叶脉书签，用提取的色素进行树叶的艺术创作。制作海报，并与他人交流制作的作品和创作的过程。把海报贴在下面空白处。

评价反思与改进优化

在经过了"叶叶各不同"项目的研究后，相信同学们对常见的叶有了新的认识。它的结构决定了它能进行光合作用产生有机物，为植食动物的生存提供物质来源。除此之外，我们发现了叶片其他意想不到的功能，真是生活处处有惊喜，希望你也拥有一双善于发现的眼睛。请对照表9-2对自己学习的情况进行评分及反思，以便日后改进。

表 9-2

评价内容	评价标准	分值	评分
叶的调查	观察叶全面，调查叶的指标描述和测量数据准确，表述形式规范	5分	
显微镜的使用	规范使用光学显微镜，细致描述叶片的结构特征	5分	
作品的创作	提取色素的操作步骤规范，制作的叶脉书签完整，作品具有一定的艺术创造性，制作的海报能很好地介绍作品	5分	
小组分工合作	每个成员都有明确的分工，能高效完成任务，同组成员合作融洽，更加团结	5分	
总分			
优化改进			
我在本项目中学到了			
有些地方做得不好，我的遗憾			
如果重来一次，我想			

舌尖上的美味

秋天到了，树叶黄了，柿子也黄了。树叶的黄代表凋零，而柿子的黄则象征着成熟，如图 10-1 所示。每年 10 月份，育英学校小学部操场北侧金黄的柿子煞是好看。柿子香甜爽口，营养价值丰富，有清热润肺等功效。柿子象征万事（柿）如意，柿子树有吉祥的寓意。

成熟的柿子汁水丰富，果肉甘甜细腻，非常柔软。

图 10-1

在此项目中，你需要迎接的挑战是：

为了保证柿子从树上摘下来后能顺利地分到同学们和老师们手里，需要你从树上摘下有点生的柿子，然后再将柿子催熟或者储藏至自然成熟之后才能让大家食用，对于吃不完的柿子要储藏保鲜。

1 **任务类型**

科学调查表，实验探究报告。

2 **涉及学科**

生物学，化学，数学。

3 **任务复杂程度**

★★

4 **科学素养特色培养**

在柿子的催熟和保质探究中，培养学生自主学习和科学探究的能力。学生在处理柿子的真实情境中，利用所学处理和解决问题，与团队成员有效沟通，培养科学思维，发展实践能力。

学习目标 >>>

1 **科学概念**

通过对柿子的催熟和保质的探究，能够了解果实成熟的基本原理，知道食品以及水果蔬菜保质保鲜的基本原理。

2 **思维方法**

经历柿子的催熟和保质的探究，运用科学探究的多种方法，比如观察法、文献法、实验法等，能够重点掌握观察法和实验法。

3 **探究能力**

通过对柿子的催熟和保质保鲜探究，能够在情境中独立提出可探究的问题并进行合理假设，经历科学探究的一般过程，在老师指导下制订计划，小组合作实施计划，能够表达和交流自己的探究结果。

4 **态度责任**

了解农业技术在生活中的应用，认同人类和社会的需求是科技发展的动力，科学技术的发展影响着我们的生活。

任务1 "吃"还是"留"

活动1：舌尖上的美味——品尝柿子

刚从果树上采摘下来还未成熟的柿子是不能直接食用的，这不仅是因为没成熟的柿子口感很酸，而且生柿子中有大量的鞣酸，吃起来会很涩口，只有完全成熟的柿子，才能很香甜，可以放心食用。刚采摘下来的柿子如果不能吃，怎样才能快速催熟呢？很多人不懂得技巧，只能放在一边等它自然成熟，如果室温较低，柿子会成熟很慢，或者在成熟过程中，有些柿子会发生腐烂。大量的柿子一次性采摘后如何储藏呢？

有理有据，敢于表达

在开展调查前，请说一说你知道的柿子催熟和储藏的方法。把同学分享的方法记在下面。

活动2：调查柿子催熟脱涩的办法及柿子储藏保鲜技术

1. 柿子催熟脱涩的主要办法

（1）盐水浸泡法。生柿子涩味十足，为催熟脱涩，我们可按一定比例将盐和凉开水配制成盐水溶液，然后将生柿子置于盐水溶液中浸泡。据测试，在25℃以上浸泡7d左右柿子即可自然成熟脱涩，低于25℃以下则需10~15d。这种方法催熟脱涩的柿子呈橘黄色，果肉甜脆多汁，别具一番风味。

（2）喷酒催熟法。将生柿子储存于坛、罐等容器中后，适量喷洒白酒，然后再将储藏生柿子的容器密封，约7d柿子即可成熟食用。

（3）苹果（香蕉）混储催熟法。将生柿子置于坛、罐等容器中时，每25kg生柿子中放置3~5个苹果（在容器中均匀放置），然后将容器密封，这种方法能利用苹果（香蕉）的自然呼吸、气味及"体温"来催促生柿子尽早成熟。

用白酒催熟的原理是酒精挥发可以激活水果中乙烯的释放，从而加快柿子成熟的速度。用苹果（香蕉）来催熟是因为水果本身可以产生乙烯，乙烯又是一种促进细胞分裂的特效成分（就是加速成熟的过程）。它们都是利用在密封环境下提高乙烯浓度的原理来催熟柿子。

（4）捣柿子法。浸泡100kg的柿子，选用1.5kg的柿子小果或残果（好果亦可）。将小果或残果捣烂后放在水缸里，加水适量搅拌，倒入要泡的柿子，加水至柿子不露出水面为宜，并将柿子轻轻搅动，浸泡2~3d即可食用。这种方法浸泡的柿子能够保持柿子的原味，味美爽口，同时不易腐烂。

（5）石灰水脱涩。用7kg生石灰配成澄清的石灰水，倒入缸内，再放入100kg柿子，加水量以淹没柿子为宜，在20~25℃下，3~4d即可脱涩，柿子偏脆。

（6）加温缺氧脱涩。将柿子放在缸、桶、坛或铝锅内（不用铁质容器），加入45℃的水淹没柿子，保持水温在35~40℃，经16~18h即能脱涩。此法处理的果实肉质较脆硬。

2. 柿子储藏保鲜的主要办法

（1）室内堆藏法。选择通风、阴凉、干燥的窑洞或空房，打扫干净后铺10~20cm厚的稻草，然后将选好的柿子轻轻摆于稻草上3~4层，储藏期间应注意检查，发现烂果及时捡出。

（2）自然冻藏法。在背阴凉爽的平地上，挖宽、深各约33cm，长度依储藏量而定的4条通风沟，沟上和四周铺9~12cm厚的帘子，霜降后将柿子放在帘子上5~6层，任其自然冻结，并以干草覆盖在柿子上，厚30~60cm，以保持较稳定的低温。立春后气温回升，用土将两端堵实，防止柿子解冻，以延长储藏期。

（3）速冻法。柿子预冷后先放在−20℃以下的冷库里处理1~2个昼夜，然后在−10℃左右下储藏。柿子风味、色泽变化小，可以周年供应。

（4）气调储藏。将柿子装入0.04mm厚聚乙烯薄膜袋内，每1kg柿子喷35%的酒精2.6mL以及去氧剂0.8~1.6g，保持氧气浓度1%~2%、二氧化碳浓度4%~7%，温度0~1℃。此法可储藏3~4月。

 探究实践，获取证据

根据调查，完成表10-1。

表 10-1

柿子催熟或柿子保鲜的方法	基本原理
方法1	
方法2	

（续）

柿子催熟或柿子保鲜的方法	基本原理
方法3	
方法4	
方法5	

任务 2 　**我来做实验**

活动1：选定实验内容

探究实践，获取证据

选择柿子催熟或柿子保鲜实验，根据你的选择，确定采取的措施，完成表10-2。

温馨提示：

①遵循实验设计三大原则（单一变量原则、对照原则、重复性原则）。

②注意观察和统计以及成果检验。

表　10-2

实验目的：
采取的措施：

日期	处理效果
月　日	
月　日	
月　日	
月　日	

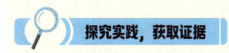

活动 2：查阅资料设计实验方案

探究实践，获取证据

（1）失重测定。柿子储藏期失水是影响其储藏效果的一个重要因素。降低柿子的失水率，有助于维持柿子原有的新鲜度，保证柿子的口感和品质。

处理前称取各个处理组的柿子的质量，处理完毕后再测量1次。计算公式如下：

$$失水率=\frac{储藏前的质量-储藏后的质量}{储藏前的质量}\times100\%$$

（2）软腐率。在柿子的储藏过程中，由于其外部和内部发生了一系列的生理变化，会对外表现出一定的软腐。经过处理的柿子，可以延缓软腐时间，减少发病率，有效延长储藏期。

每隔2d测量各个处理组软腐情况，计算软腐率。

$$软腐率=\frac{软腐的果数}{处理组总果数}\times100\%$$

把柿子失重测定情况记录在表10-3中。

表 10-3

日期	柿子质量（kg）	失水率（%）
月 日		
月 日		
月 日		
月 日		
月 日		
月 日		

把柿子软腐情况记录在表10-4中。

表 10-4

日期	柿子软腐果数（个）	软腐率（%）
月 日		
月 日		
月 日		
月 日		

预期成果

对采摘的生柿子，经过实验探究后，选择合适的方法进行催熟，检验催熟效果；或者对吃不完的柿子进行储藏，检查储藏效果。在班级中交换品尝催熟或储藏的柿子。

评价反思与改进优化

在柿子"吃"还是"留"的探究过程中，我们通过各种途径调查统计了柿子催熟或者保鲜的不同方法，并且理解了其中的科学原理。根据各自对柿子不同的需求，我们选择了合适的方法对柿子进行了处理，处理结果如何呢？是否达到了自己的预期呢？问题出在哪里呢？通过你持续的观察记录和实验分析，你是不是找到了问题的答案？请对照表10-5对自己学习的情况进行评分及反思，以便日后改进。

表 10-5

评价内容	评价标准	分值	评分
柿子催熟和保鲜方法的调查	通过询问家长、翻阅书籍、线上调研等多种途径收集柿子催熟和保鲜的方法，并对这些方法进行梳理	5分	
设计研究方案	根据个人实际需求，选择合适的催熟和保鲜方法对柿子进行处理，能遵守实验设计的基本原则，设计较为严谨的实验方案	5分	
观察记录	能够根据实验方案设计的步骤实施研究，并能持续地观察实验现象，完成现象记录	5分	
分析数据	能够对结果以图表等形式进行处理和分析	5分	
表达与交流	能够将自己的实验过程及结果在班级中展示。催熟的柿子请老师、家人和同学品尝和评价	5分	
小组分工合作	每个成员都有明确的分工，能高效完成任务，同组成员合作融洽，更加团结	5分	
总分			
优化改进			
我在本项目中学到了			
有些地方做得不好，我的遗憾			
如果重来一次，我想			